¿Y si me defiendo?

Elisabeth Zöller

¿Y si me defiendo?

edebé

Título original: *Und wenn ich zurückhaue?*
© 1994 by K. Thienemanns Verlag, Stuttgart-Wien

© Edición: Edebé, 2007
Paseo de San Juan Bosco, 62
08017 Barcelona
edebe.com

Directora de Publicaciones: Reina Duarte
Diseño de colección: César Farrés
Ilustraciones: Petra Steinmeyer
Traducción: Herminia Dauer

29.ª edición

ISBN: 978-84-236-7931-7
Depósito legal: B. 133-2011
Impreso en España / Printed in Spain

Queda terminantemente prohibido cualquier uso de esta publicación para entrenar tecnologías de inteligencia artificial (IA) generativa. El autor y el editor se reservan todos los derechos de licencia de uso de esta obra para dicho fin y para el desarrollo de modelos lingüísticos de aprendizaje automático.

Cualquier forma de reproducción, distribución, comunicación pública o transformación de esta obra solo puede ser realizada con la autorización de sus titulares, salvo excepción prevista por la ley. Diríjase a CEDRO (Centro Español de Derechos Reprográficos) si necesita fotocopiar o escanear algún fragmento de esta obra (www.conlicencia.com; 91 702 19 70 / 93 272 04 45).

Todos me ayudasteis mucho a observar, buscar y ver. Sin vosotros no hubiese podido escribir el libro.

Además, expreso mi agradecimiento a la Baja Sajonia, que apoyó mi trabajo con una beca.

Índice

1. Krissi llega tarde 9
2. Krissi mira al aire 35
3. En casa de Olaf 55
4. Un día negro como el ala
   de un cuervo 67
5. Krissi desaparece 85
6. Esperar y buscar 93
7. Krissi reaparece 129
8. Robinson en la cabaña
   del árbol 137
9. Olaf está furioso 149
10. Kati tiene una idea 163
11. Krissi y la Banda
    de la Salchicha 169

1
Krissi llega tarde

Realmente, Krissi se llama Christian, pero todos le llaman Krissi.

—Porque es más sencillo —explica su madre cuando dice «¡Krissi, a desayunar!», «¡Krissi, hoy toca lección de piano!», o «¡Krissi, te llaman por teléfono!».

—Porque todos lo hacen —dice su padre, aunque fue él quien eligió el nombre de Christian y le gusta más que Krissi.

—Porque resulta divertido —opina el abuelo, un hombre muy alegre, que disfruta especialmente comiendo bollos con Krissi y jugando con él a las cartas.

—Porque me da igual —gruñe Sabrina, la hermana mayor de Krissi—. Ojalá me llamara yo así.

Y como siempre oyen el nombre de Krissi, sus amigos también lo utilizan. También Paul. Pero Paul acaba de trasladarse a otra ciudad con sus padres. Y por supuesto es Krissi para su nuevo amigo Olaf, que va a quinto curso, a la misma clase que él; y para Kati, que le tiene mucha simpatía y que quizá esté incluso un poco enamorada de él (como Krissi de ella).

Sólo Bossy y Henny, que ya están en Secundaria, le llaman «chupete», «biberón», «cagón» o «cerdo soplón». Krissi odia esos motes.

La puerta del cuarto de Krissi está pintada de amarillo. Del color del Sol. Y el pomo de la puerta es marrón. Marrón como las salchichas de Frankfurt. Eso se le ocurrió un día a Krissi. Marrón como las salchichas de Frankfurt. Desde entonces, cada vez que lo ve, lo piensa y se ríe. No es que le guste ese color, pero las salchichas le encantan. ¡Humm! Son su plato favorito.

El color amarillo sí que le gusta. Tiene una colección de cosas amarillas: pajitas y canicas, puntos de lectura y libros, plumas y hojas, botones y escarabajos (muertos, naturalmente). A Krissi le gusta mucho el amarillo. También el amarillo del sol de la mañana. Y ahora es por la mañana.

Sin embargo, esta nueva mañana no le hace ninguna gracia. Krissi se cubre la cabeza con la manta. No quiere ver ni oír nada. Nada en absoluto. Ni siquiera la puerta amarilla, la bonita puerta de color del Sol. Tiene miedo. Con gusto se quedaría en la cama, donde todo está oscuro y nadie le ve. Pero no puede.

Ya llega mamá. Le despierta con un beso en la mejilla derecha, un beso en la mejilla izquierda y uno en medio, que hoy aterriza en su nariz. Luego le revuelve el pelo y le hace cosquillas en los pies. Con eso, Krissi da un salto, porque ¡tiene tantas cosquillas!... Mamá repite el cosquilleo en las plantas de los pies. El chico da otro brinco, grita, ¡epa!, y se sienta, ¡bum!, en la cama.

Por espacio de un momento casi olvida el miedo. Pero en seguida vuelve a sentir pánico. Ayer le rodearon en el patio de la escuela, llamándole «biberón» y «chupete». Luego le dieron patadas mientras exclamaban: «¡Krissi, cerdo soplón!»

Eso lo dicen porque, a veces, cuando está asustado, hincha las mejillas y luego suelta el aire con una especie de silbido. Fue lo que sucedió ayer, en medio del patio. «¡Pfff...!»

—¡Anda, silba otra vez, cerdito! —dijeron, derribándole por capricho.

Y él olvidó la bolsa de gimnasia, con las zapatillas de gimnasia dentro. Su madre se enfadó, claro. Pero a él le preocupaba más haber perdido su precioso escarabajo rinoceronte, el mejor de toda su colección, que era mil veces más importante que diez mil zapatillas de gimnasia. El miedo le había hecho abandonarlo todo.

Krissi sabe que el miedo puede cegarle a uno. Y dejarle mudo. El miedo se traga las palabras y los pensamientos. En un instante. Cuando uno siente miedo, parece tener dentro una gran cueva oscura en la que no se ve nada. Todo lo más, alguna sombra.

Al ver tan enfadada a su madre, ya no le había contado nada y se había conformado con llorar a solas en su habitación, a la vez que pensaba: «¡Qué injusto es el mundo! Los tipos como Bossy y las niñas como Henny son asquerosos, unos súper asquerosos. Unos *superbossyasquerosos*, ¡sí!»

Mamá le revuelve nuevamente el pelo. Pero hoy Krissi no se ríe.

—¿Qué te ocurre? —le pregunta su madre.

—Nada... —contesta el niño, y sale disparado hacia el cuarto de baño.

Ni siquiera se para a encender la luz. Pero de pronto tropieza con algo. ¡Huy, qué daño se ha hecho en el dedo gordo del pie izquierdo! Algo se rompe. Krissi chilla y mamá corre a su encuentro.

—¡Cielos! ¡Mi jarrón! —exclama, y se lleva las manos a la cabeza—. El precioso jarrón que me regaló la tía Gerti. ¡Al menos le había costado cincuenta marcos!

Krissi baja la vista y se frota el dedo a la vez que salta sobre un solo pie alrededor del charco lleno de cristales. ¡Qué daño! Vaya mala pata.

—¿Es que no puedes ir con más cuidado? —interviene su padre, que siempre acude en el acto cuando ocurre algo así, dispuesto a reñirle y soltar unas cuantas frases sabias.

—No lo vi —musita Krissi—. Lo siento.

—¡Claro, como no miras lo que tienes delante! —continúa papá.

—No tengo ojos en las rodillas.

—¡Encima eres un descarado!

—¡Huy! —repite Krissi.

—Un indio no conoce el dolor —dice papá.

¡Qué padre más tonto! Mamá, por lo menos, le pregunta por el dedo y recoge los fragmentos del jarrón. Krissi la ayuda.
—Vale más que te arregles —aconseja mamá.
Krissi entra a la pata coja en el cuarto de baño y cierra la puerta.
Se limpia los dientes apoyado en un solo pie. ¡Zas, zas! Con eso basta. Sobre todo, cuando uno tiene otros pensamientos en la cabeza.
«Este mediodía dispondré de más tiempo —se dice Krissi—. Entonces le contaré a mamá lo de Bossy.»
A continuación se venda el dedo herido con un poco de papel higiénico.
Pero antes del mediodía tiene que resistir la mañana: el camino de la escuela, el recreo... Ojalá llueva.
¡Esos asquerosos, súper asquerosos, *superbossyasquerosos!*
Krissi se mira los dientes. ¡Debería tener

la dentadura de una fiera, caramba! Entonces mordería a sus atacantes, y huirían espantados. El niño regresa cojeando a su cuarto y revuelve en el interior del armario. Su camiseta favorita, la negra, no está. ¿Es que mamá tiene que lavarla cada semana? A ver si, al menos, está la de color marrón, la que lleva delante unos indios. ¡Tampoco! Sólo encuentra esa camiseta ridícula, la de esas letras que dicen *Children's Wear*, que quiere decir *ropa de niños*. ¡Cómo le tomarán el pelo!

—Mierda... —gruñe Krissi—. ¡Mierda!

Baja luego la escalera como puede y entra en el cuarto de estar. Va despacio. Tip, top, tip, top... Tip, apoya el pie derecho; top, apoya el izquierdo.

Oye la voz de su padre, que lee el periódico mientras toma su café a sorbos. Krissi lee por encima de su hombro: «Niño de diez años agredido por sus compañeros en el camino de la escuela».

—Se hace tarde, Krissi —le recuerda su madre—. ¡Tienes que tomar algo!
—Sí, sí —murmura él.
Papá vuelve la hoja.
—¿Puedo ver eso? —pregunta Krissi.
Su padre le da una parte del diario. Mamá coloca una tostada en su plato. Krissi se sienta y unta el pan. La madre le acerca su mermelada favorita. Krissi se sirve una cucharada, dos cucharadas, tres... Ni siquiera se fija. Todo su interés se centra en el periódico.
—¿Todavía quieres más?
Mamá menea la cabeza, extrañada. Krissi sigue poniéndose mermelada. Está sentado a la mesa del desayuno, pero sólo piensa en la hoja que tiene delante y en el camino de la escuela. Muerde el pan y mastica lentamente.
—¿Qué lees tan intrigado? —quiere saber su madre.
—Nada de particular... —contesta Krissi.

«¿Y si me defiendo?», se pregunta. «Pero no podría contra varios.» Es hora de irse. Necesita llegar al colegio antes que los demás. Pero le cuesta tragar el pan. Se le pega a la lengua. Como si fuera chicle. Eso, como un chicle gordo. En medio de la boca. Gordo y pegajoso.

—¿Qué te pasa? —inquiere mamá—. ¿Puede saberse qué te ocurre hoy?

—Oh, nada —responde Krissi y sigue masticando.

—Léeme eso —propone su madre.

—«Niño de diez años agredido por sus compañeros en el camino de la escuela...» —comienza Krissi.

—Tuvo que ser internado en el hospital —añade el padre, como ya había leído también su hijo—. ¡Fíjate en la fotografía! ¿Quién será capaz de semejante barbaridad? ¿Lo entiendes tú, Rosi?

«Sí, ¿quién es capaz de semejante cosa?», piensa Krissi. «Pero ahora debo irme. Daré

un rodeo, para que no me vean.»

Empuja el trozo de pan contra el carrillo, se mete en la boca el resto de la rebanada y termina rápidamente la leche.

—¡Qué bien que vivamos aquí! —dice mamá.

Ella lleva puesta la bata de color rosa-cerdito y las afelpadas zapatillas grises que papá le regaló. A Krissi no le gusta ni una cosa ni otra, pero a su madre le encanta el conjunto.

El niño se levanta.

—Valió la pena ahorrar para conseguir esta casa —comenta mamá.

Papá hace un gesto afirmativo, aunque detrás del periódico no se vea. Krissi lo sabe. Sale al pasillo y enciende la luz.

En ese momento baja Sabrina.

—Hola —dice, y se pasa la mano por sus largos cabellos.

Su padre la mira de reojo.

—¿Otra vez con lo mismo?

Sabrina come un pimiento para el desayuno. Pimiento crudo. Según ella, hace adelgazar un kilo al día.

El padre se dirige a su esposa:

—¿Cómo puedes permitirle eso, Rosi? Por la mañana, pimiento crudo, y por la tarde..., ¡chocolate! Ahora tomarás un bocadillo, Sabrina. ¿Me has entendido? Te sentarás a la mesa y comerás como Dios manda. ¿Queda claro?

Nada queda claro.

—Está bien —gruñe Sabrina, se pone de pie, coge la cartera y el pimiento y se va, al mismo tiempo que protesta—. El chalé adosado y unos rosales; eso es todo lo que os importa —agrega de mal humor y suelta un portazo tras de sí.

También Krissi tiene que marcharse. Le conviene adelantarse, para que ésos no le atrapen de nuevo. Mete el bocadillo en la cartera, descuelga su chaqueta y se la deja desabrochada. Fuera hace calor. El aire hue-

le bien. Por poco olvida la mochila.
—¡Eh, no te dejes los libros! —exclama mamá, e insiste—: ¿Qué te sucede hoy?
Krissi está a punto de decírselo. Pero quiere dar el rodeo, y para eso necesita más tiempo.
—¡Adiós, mamá! —se despide, y echa a correr.
—¡Adiós, Krissi! —contesta su madre, saludándole con la mano.
¡Ay, la bata rosa-cerdito y las peludas zapatillas grises! Su madre, en cambio, sí que le gusta. Nunca le haría una trastada.
Sería maravilloso poder hacerse invisible en el camino a la escuela y durante los recreos, poseer un manto mágico y desaparecer de repente.
Entonces podría hablar tranquilamente con Olaf en el patio. De ajedrez, de su colección de cosas amarillas, de ordenadores, de sus escarabajos. Y también de los súper asquerosos; de todo.

De ese modo, a los futboleros no les quedaría más remedio que pelearse y ponerse la zancadillla entre ellos.

Si tuviera una prenda mágica, agarraría a esos tipos de una pierna, por detrás, y les haría la vida imposible. En cambio, ayudaría a los más débiles que él. Sería estupendo. ¡Qué caras pondrían los futboleros al no saber quién los atacaba!

Pero no hay capas ni caperuzas mágicas. Por el contrario, sí que hay peleas. Y existen individuos que siempre quieren ser los cabecillas y oprimir a los demás. Eso también.

Ya está cerca de la escuela. Sólo ha de cruzar los jardines. De pronto ve venir, de lejos, a Bossy, Henny y Per. Krissi se asusta. Tiene miedo. Aún logra agacharse y ocultarse detrás de un seto.

—Ha de estar por aquí —grita Bossy.

—¡Bah, ya se habrá ido! —opina Per—. ¿No sabes que ese *chupete* tiene que llegar siempre puntual a clase?

Los tres ríen, pero siguen adelante.

—¡Es genial eso de machacar a un enano!

Y continúan el camino.

A Krissi el corazón le late hasta en la garganta. Permanece acurrucado detrás del seto. Tiene miedo de Bossy, porque es alto y fuerte. Además le lleva un par de años. Tres, quizá. Henny también. Va a la misma clase que Bossy.

El corazón de Krissi ya no palpita con tanta violencia. Los chicos se han alejado bastante, pero todavía les oye.

—¿Vendréis hoy a ver un vídeo a mi casa? Tengo otra *peli* para mayores de dieciocho años. ¿Conocéis la de aquel maestro que muere aplastado?

—¡Genial, tío!

Las voces se escuchan más lejanas.

Krissi tiene miedo de seguir. Hincha las mejillas y, al soltar el aire, produce un silbido. Eso es bueno contra el miedo. ¡Pffff!

Finalmente echa a andar. Ya ha esperado bastante. Son las ocho. ¡Diantre!

El niño se lleva la mano al bolsillo. Allí está Chiquito, un pequeño oso que antes había sido el extremo de un lápiz. De pequeño, Krissi tenía la costumbre de hablar con él, y ahora vuelve a hacerlo. Se lo cuenta todo. Chiquito sabe escuchar y se deja estrujar en el bolsillo. No lo delatará nunca y, como es tan menudo, se le puede esconder para que nadie se ría de él ni lo destroce. Chiquito es invisible. Bueno casi.

Krissi entra por la puerta de la escuela. Son las ocho y cinco. No se ve ni un alma.

A primera hora tienen Inglés. Pero él no podía llegar antes. Tenía que esperar a que Bossy y Henny y Per estuvieran dentro. Sólo ahora se atreve a cruzar el patio. Ahora tiene la certeza de que *los matones* están en clase. De otro modo, aún le agarrarían para hacer con él lo que hacen en la película de vídeo. Se lo advirtieron la última vez. O bien lo que pasaba en la serie policíaca de ayer. Sólo porque sí, por capricho. Pero..., ¿qué le dirá a la señora Fromm?

¡Con lo bien que iba todo! Y la maestra le resulta simpática. Sí, todo iba perfectamente ese quinto curso en la nueva escuela. Krissi asistía contento y se proponía esforzarse. Claro que no era fácil, porque era el único alumno de su antiguo colegio que se había cambiado a éste. Paul tenía que haber venido también, pero ahora vivía en otra ciudad, ya que su padre, que estaba en paro, había encontrado trabajo al fin.

Menos mal que había conocido a Olaf. En seguida, el primer día. Se hallaba en la puerta, mirando a su alrededor. Y al igual que Krissi, no llevaba gorra de béisbol. Pero era robusto, no tan flaco como él. Olaf tenía un gesto de seguridad en los labios. Y el pelo castaño, igual que él, del color de las salchichas de Frankfurt. Cada niño buscó un sitio, y Olaf se dirigió a él, sin más, para preguntarle si el asiento de su lado estaba libre; y lo ocupó.

No hacía mucho que Olaf vivía en el barrio, y apenas conocía a nadie de la clase.

Los demás sí que se conocen. Kati, por ejemplo, y otras seis niñas que no hacen más que reírse con disimulo. A Krissi, Kati le parece bien. Presta atención cuando dicen algo. Luego hay dieciocho niños que se conocen desde el primer curso, y no será fácil introducirse en su grupo. Tampoco falta en la clase un par de fanfarrones, como Blacky y Piet, pero otros son simpáticos. Bumpi, por ejemplo.

En realidad, Olaf y él todavía no han hablado mucho. ¿Qué se puede decir en los recreos y en los breves momentos libres entre clase y clase, sobre todo cuando los de las clases superiores se dedican a fastidiarte y llamarle a uno «marica» o «cerdo cobarde»? Entonces, pocas ganas te quedan para entablar una conversación. O, por ejemplo, si esos tipos se burlan de Krissi y le arrebatan el estuche nuevo, aquel que le hace tanta ilusión, para jugar al fútbol con él. Y encima les divierte haberle hecho enfadar tanto.

—Entonces, uno se siente genial —según decía Bossy—. ¡Como un Porsche haciendo adelantamientos!

Krissi camina por el pasillo y consulta el reloj. Son las ocho y siete minutos. Llega tarde. ¡Qué rabia! Prepara una disculpa. Que se ha dormido o... que se ha perdido. Krissi idea unas frases, pero nada le convence. Por su gusto se colocaría en medio de la clase para soltar un grito salvaje. Todos le mirarían y, entonces, desembucharía lo que tanto le indigna, y nadie se atrevería a abrir el pico.

Se decide al fin por una disculpa y entra en la clase como si nada.

—¿Por qué llegas tarde? —le pregunta la maestra.

De repente, Krissi no sabe qué decir, como si su cerebro se hubiese quedado en blanco. No entra ni sale en él ninguna idea. El niño se limita a encogerse de hombros y mirar a la señora Fromm.

«Las palabras han desaparecido de mi mente porque no eran verdad», piensa. Y se pone colorado.

Los demás le observan extrañados, porque no dice nada. También la maestra pone cara de asombro. Alza la ceja izquierda, contiene la respiración, da unos pasos cortos, abre el diario de clase y anota: «Krissi, diez minutos de retraso».

El niño se dice que no hay derecho, ¡que no, no, no hay derecho! Que es una injusticia. Pero no acierta a formular una excusa.

Sentado, le parece oírlo todo desde lejos. Tiene la cabeza llena de Bossy, de miedo y de rabia. No puede dejar de pensar en Bossy y en el recreo. Súbitamente, uno le empuja por detrás.

—¡Lee de una vez, hombre!

Ya se acerca la maestra. Levanta la ceja derecha y las comisuras de los labios.

—Sigue leyendo tú —dice.

Pero Krissi ni siquiera ha abierto el libro. Si uno piensa siempre en Bossy y en Per, no tiene capacidad para nada más. Y menos para el Inglés. Se apresura a abrir el libro, pero la señora Fromm le indica con un gesto que lo deje. Sin embargo, sonríe. Krissi encuentra que es muy amable.

—Mañana lo intentas de nuevo, ¿eh?

A sus espaldas suena la risita de unas niñas.

—¡Qué tipo más raro!

—Está mochales.

—Es un pánfilo —interviene otra.

Krissi quisiera chillar, pero en vez de eso toma un lápiz y escribe una «B» en el pupitre, una «B» de *Bossy* y de *bobo* y de *burro*. Pero entonces se aproxima nuevamente la maestra, y los demás le toman aún más el pelo.

El único que no se burla es Olaf.

La señora Fromm menea la cabeza y alza ambas cejas.

—¡Haz el favor de borrar eso! —señala, todavía en tono bondadoso.

Menos mal. Pero Krissi continúa pensando: «B» de *Bossy*, de *bobo* y *burro* y de *bestia*. ¡Y de *bruto*! Aunque borra enérgicamente la letra con saliva.

En ese instante suena el timbre.

—¡Todos al aula de Ciencias! —dice la maestra, al mismo tiempo que agita el manojo de llaves.

Krissi sale detrás de ella, seguido de Olaf. Krissi le tira de la manga.

—¿Vamos juntos?

—¡Claro! —contesta Olaf.

Bueno; al menos eso.

Un chico de la clase casi le atropella.

—¡Dormilón! ¡Remolón! —le suelta, a la vez que da un puntapié a un envase de zumo ya vacío y golpea en la espalda a Krissi.

El pequeño incidente ocurrido en clase basta para que los demás compañeros adopten una actitud estúpida con él.

Krissi va con Olaf. Pero de pronto piensa que le conviene explicárselo todo a la señora Fromm. Sí; quizá se atreva. Es una persona simpática. Sin más, da media vuelta y se dirige a la sala de profesores, detrás de ella, pero llega tarde. La maestra ya está dentro.

La puerta de la sala de profesores es marrón. Del color de las salchichas, cosa que, sin embargo, ahora no le hace gracia.

—¿Deseas hablar con alguien? —le pregunta una de las mil profesoras que corren por la inmensa escuela.

—Con la señora Fromm —balbucea.

¿Qué va a decirle, en realidad? Krissi se muerde un dedo. Al momento la maestra está delante de él.

—Que-quería ex-explicarle p-p-por qué he llegado tarde —tartamudea.

—¿Por qué, Krissi? —pregunta ella, sonriendo con afecto.

—Porque..., porque...

De súbito sabe que no dirá nada y que ni siquiera puede explicar lo sucedido. Porque quien acusa a un compañero es un soplón o un traidor, y entonces ya no puede entrar a formar parte de ningún equipo. Por eso da media vuelta y echa a correr. La señora Fromm le llama, pero Krissi ya no la oye.

El niño nota la presencia de Chiquito en el bolsillo. Lo estruja y el osito gruñe. «Estoy aquí», quiere decir.

Detrás de la vidriera aguarda Olaf. ¡Qué alivio!

Olaf le indica dónde vive. Muy cerca de su casa, casualmente.

—¿Tienes tiempo esta tarde? —quiere saber Olaf.

—Hoy no. ¡Qué lástima! —responde Krissi, mordiéndose los dedos.

Dichosas clases de piano. Preferiría ir a casa de su nuevo amigo.

—Pero mañana sí —añade.

—Perfecto. ¡Te espero a las tres!

Krissi se alegra.

2
Krissi mira al aire

Al mediodía, acompaña un trozo del camino a Olaf. Pero va con ellos otro niño que es vecino de Olaf. Un tal Lucky. Y Krissi no puede hablarle de Bossy y Henny y de toda esa banda, porque no conoce de nada a Lucky. Pero al menos no estará solo si de pronto aparecen aquellos salvajes. Y el resto del camino lo recorre zumbando, como alma que lleva el diablo. Desea contarle a su madre que se ha hecho amigo de Olaf. Al correr, el oso Chiquito salta de su bolsillo. Está tan contento como él.

Justamente, mamá dobla la esquina en su Polo.

—¡Ay! —suspira—. Ya veo que tienes muchas novedades, pero hoy vienen mis amigas...

Su madre trabaja en una oficina. Casi siempre sale a la una, pero a veces hay tanto que hacer, que debe quedarse hasta más tarde. Por eso Krissi lleva en el plumier las llaves de casa desde que iba a segundo curso. Si se retrasaba, mamá le telefoneaba para decirle cuándo llegaría.

—¿Quieres que te ayude a preparar la comida? —pregunta Krissi hoy—. ¿Qué hacemos? ¿Salchichas de Frankfurt o palitos de pescado?

—Palitos de pescado —contesta la madre—. Necesito las salchichas para mañana.

—Lástima —murmura Krissi.

Él prepara la comida y mamá pone la mesa. Mientras introduce los palitos de pescado en la freidora, habla de Olaf. Luego abre un tarro de tomate triturado, que hace «pufff» cuando desenrosca la tapadera. Su madre se alegra de que tenga un amigo y le pide que lo traiga a casa algún día.

—¡Claro que sí! —exclama el niño mientras se lava las manos bajo el grifo—. Puede meterse conmigo en mi tienda de indios. O tal vez le guste jugar al Lego o al ajedrez. Ya veremos.

Los palitos de pescado están a punto.

—¡A comer! —anuncia, aunque en casa no hay nadie más que mamá.

Pero Krissi lo hace siempre, y mamá acude.

Se oye el ruido de la llave en la puerta de entrada. Sabrina.

—¿Otra vez palitos de pescado? —protesta—. Sólo porque a nuestro *bebé* le gustan. ¡Y por si fuera poco, las dichosas patatas!

Come de mala gana y, además, se queja del sabor del tomate. ¡Uf!

—No te alarmes —dice su madre, y saca de la nevera un flan de chocolate.

—¿Crees que voy a tomar flan? —se rebela Sabrina—. ¿Pretendes que se me ponga un trasero tan gordo como el tuyo?

—Gracias por el cumplido —responde mamá.

Hay días en que Sabrina es un encanto. Otras veces, en cambio, no hay quien la aguante. Al ver triste a mamá, Krissi ya no se atreve a explicarle nada. Juntos recogen la mesa. Le gustaría poder hablar. Y sabe que mamá le escucharía. Pero ella desea echarse un rato, antes de que lleguen las visitas. Tiene cara de cansada.

«¡Pfff!», hace Krissi para echar el aire de la boca. Y Chiquito le presta atención desde el bolsillo.

El niño se retira después a su habitación. Se sienta en la tienda de indios y contempla la puerta y la ventana. Mira al aire y hace agujeros en él. Uno, dos, muchos agujeros, ¡mil agujeros que vuelan! Un mundo de agujeros. Marrones, negros, amarillos. Le gusta ese juego.

Hace agujeros en el aire. Rato y rato. Y al mismo tiempo piensa. ¿Por qué ha de cargárselas siempre él? ¡Pfff! ¿Por qué tuvo que marcharse su mejor amigo? Sin duda, Paul ya le habrá olvidado. Krissi le escribió cinco cartas, y Paul, sólo una postal, recién llegado a la nueva ciudad. Ah, sí, y telefoneó una vez, pero luego nada más. ¡Pfff!

Krissi va al cuarto de baño y se mira en el espejo. Le gustan sus oscuras greñas, del color de las salchichas de Frankfurt... ¿El pequeñajo que tiene delante es él? ¿Krissi? Hace una mueca y el del espejo se la devuelve.

—Gorrino —dice.

No es de extrañar que cualquiera pueda con ese mico. Señala al niño del espejo y éste le devuelve el gesto.

—¡Cerdo soplón!

Krissi hace una mueca, y el del espejo también, naturalmente.

«¡Gorrino!», se llaman el uno al otro, y «cerdito soplón».

—¡Birria! —insulta Krissi al del espejo con los puños cerrados—. ¡Hijo de perra! ¡Chupete!

Y, como es lógico, obtiene la misma respuesta.

—¡Idiota! ¡Cara culo!

Porque Krissi tiene la cara bastante redonda. El del espejo también.

El chico se enfada cada vez más. Lanza puñetazos al aire. Salta. El del espejo también. Entonces, Krissi le sonríe, y el otro le imita. ¡Ya se entenderán, ya!

Mamá llama a la puerta. Quiere arreglarse para recibir a sus amigas.

Krissi vuelve a su cuarto. Lo cierto es que tendría que hacer deberes, pero antes se dedica a formar nuevos agujeros en el aire. Después saca su libro sobre hámsters y lo hojea mientras se muerde las uñas. Finalmente se pone a mirar la puerta y el pomo, marrón como las salchichas de Frankfurt.

«De color salchicha y bonitas se ponen to-

das las jovencitas», solía cantar papá en Mallorca, cuando estaban de vacaciones, o algo parecido. No, lo que cantaba papá cuando se afeitaba por la mañana, era esto: «De color café y bonitas, se ponen todas las jovencitas». Y Krissi se ponía a su lado a cantar y añadía lo de «color salchicha», pero sin decir lo de las jovencitas, pues... ¿qué podía saber él de mujeres? Pero a papá le divertía cantarlo hasta que, un día, mamá se enfadó un poco. Desde entonces, papá cambió de canción. Sin embargo, a Krissi se le quedó grabado eso de «de color salchicha...».

Ahora, definitivamente, tendría que hacer los deberes. En cambio, saca a Chiquito del bolsillo y se lo cuenta todo. Lo de «cerdito soplón» y «cara culo». Y también lo del espejo. Luego vuelve a hacer agujeros en el aire.

—Estoy asustado, ¿sabes? —le susurra al pequeño oso, e hincha las mejillas para soltar en seguida el aire.

¡Pfff! A continuación se muerde un dedo.
—¡Ese horrible Bossy! —agrega.
Explica sus preocupaciones a Chiquito, que le escucha atento. Igual que el oso grande. Los dos le prestan oídos, y eso le sienta bien a Krissi.
Mamá llama de nuevo a la puerta. Nota que algo anda mal. Siempre se da cuenta. Toma asiento en la cama. A Krissi no le importa que su madre le vea hacer arrumacos al oso. Los demás se ríen de él, hasta su propio padre, que dice: «un chico no juega con muñecos», o «¡un chico no debe tener nunca miedo!» y otras frases típicas de su padre.

Krissi se dispone a hablarle a su madre de Bossy. Ya ha abierto la boca, cuando abajo llaman a la puerta.
Mamá suspira.
—¿Ya están aquí? ¡Ánimo! —añade después de consultar el reloj y de revolverle

el pelo a su hijo—. Todo se arreglará.

Pero tiene que irse, y Krissi se queda mordiéndose las uñas.

Ahora le tocaría estudiar Matemáticas o Lengua. Sin embargo, se echa en la cama y se dedica a hacer más agujeros en el aire. Muy grandes y anchos. Marrones, negros, amarillos. Eso le gusta.

¡Qué estupendo sería poder volar! Krissi hincha las mejillas hasta no poder más. ¡Pfff! Si ahora fuese tan ligero como el aire, podría volar. A casa de Bossy. Como tendría alas, le obsequiaría con mil insultos desde la ventana. Y Bossy le buscaría, claro. Pero él se escondería. En la pared, encima de la ventana, y desde allí gritaría: «¡Qué tonto eres! Ni siquiera tienes ojos si no puedes encontrarme.»

O, si Bossy estaba en calzoncillos, diría: «¡Oh, qué ridículo!» Y si los calzoncillos eran de niño pequeño, se partiría de risa voceando: «¡Pareces un bebé!»

Pero en vez de todo eso, mamá le llama desde abajo:

—¡La clase de piano, Krissi!

Tiene que irse. Cuerno.

Con su bicicleta nueva recorre como una flecha el paseo de los Molinos, la calle Bismarck, la calle Hermann... Parece como si llevara un cohete en la mochila. En un instante llega.

«Krekel», indica encima del timbre.

—Buenas tardes, Krissi —le saluda la señora Krekel, y le da la mano.

Aquel día, el niño toca... como un cohete. Todo le sale bien, menos la parte difícil. Ésa, no tanto.

—Bueno; no pasa nada —dice la profesora—. Has estudiado bastante.

Y Krissi regresa en un santiamén.

Ahora sí que tiene que hacer los deberes. Primero, los de Lengua. En el colegio está dando ahora los adjetivos comparativos.

«Tonto —piensa Krissi—, tonto, muy tonto, tontísimo. Bruto, muy bruto, brutísimo, requetebrutísimo...» Pero eso no vale, como bien sabe, aunque sea verdad.

—¡*Superbossyasqueroso!* —grita.

«Engreído», escribe. «Muy engreído. Engreidísimo.»

La cosa se complica.

«Más que subnormal», escribe ahora. Pero vacila. ¿Puede poner eso? Va al cuarto de Sabrina. Como siempre, su hermana tiene puesta la música a todo volumen. Krissi llama. Tres veces. Ella no lo oye. Así pues, entra sin más. Aunque a Sabrina no le guste.

—Oye, ¿puede escribirse esto? —pregunta.

La chica se ríe.

—Puedes ponerlo, pequeño, pero no sé qué cara pondrá tu maestra. No les gustan estos ejemplos —agrega, revolviéndole el pelo.

A Krissi no le hace ninguna gracia que le llame «pequeño». Pero no dice nada. Al menos, Sabrina le ayuda.

—Pon «hermoso» —le sugiere.
Pero Krissi no quiere.
—Pues pon «viejo», «bueno», «listo»....
¡De ningún modo! Porque no es cierto.
Sabrina se encoge de hombros.
—Aunque no te parezca bien, pondré «tonto», «engreído» y todo eso. Y todavía más cosas: «asqueroso» y «rechoncho» —declara, y se aleja con un portazo.

«Además, escribiré que me importa un pito, dos pitos, tres pitos, o una salchicha, dos salchichas, tres salchichas», se dice. Y hasta lo encuentra gracioso. Nadie le ganará en cuanto a superlativos súper largos. Por ejemplo: *superrequeteasquerosísimo*, inventado por Krissi. ¡Estupendo!

Chiquito también se ríe, porque no se ha apartado en todo el rato de su cuaderno.

—¡Me importa una salchicha! —dice el osito.

—¡Una *salchichísima!* —suelta Krissi con una carcajada e hincha las mejillas.

¡Pfff!, sale el aire.

A ver si se largan pronto las amigas de mamá. Pero mientras tanto quiere comer un poco de pastel. Baja sin hacer ruido. Cuando los mayores hablan, uno pasa casi tan desapercibido como si llevase un manto mágico. Charlan y charlan y no ven nada más. Sólo les interesa lo suyo.

Krissi va en busca de un trozo de pastel y un vaso de leche. Las señoras hablan de la violencia en los colegios y en las calles, y opinan que, hoy día, los maestros no vigilan lo suficiente. Sin duda, todas han leído el periódico. El niño se echa terrones de azúcar en la leche. ¿Cuántos caben? ¡Diecisiete! La leche se le derrama. Pero nadie lo ha visto, porque Krissi cubre el vaso con la mano.

De nuevo le viene a la cabeza cómo le agarraron Bossy y sus compinches. ¡Qué manera de golpearle! «¡Arrodíllate!», había gritado Bossy, y uno le daba patadas por detrás, y otro por delante. El de delante era Kari, el gordo. Al de detrás no le había visto, porque no tiene ojos en la espalda. De cualquier forma, luego ya no vio nada. Un golpe lo dejó atontado, con un arañazo a través de toda la cara. A mamá le dijo que, por descuido, había chocado contra una pared. Pero a ella le preocupaba más la pérdida de la bolsa de gimnasia.

El día anterior, los chicos habían hablado de sus equipos favoritos de fútbol. Y Krissi había dicho cuál consideraba mejor. La verdad es que no entiende mucho de eso, pero seguía la conversación. De pronto empezaron a pegarle y a decir que ya sabían lo cerdo que era. Conque partidario de los contrarios, ¿eh? Él no estaba dispuesto a aguantar semejante trato, porque no era un cobarde, pero... ¿qué podía hacer contra tantos? ¡Y todos la habían tomado con él!

Al ver que hinchaba las mejillas y soltaba el aire —¡pfff!—, Bossy había exclamado con una risita:

—¡Mirad, el cerdo silba!

«¡Pfff!», había repetido él, furioso.

—¿Miramos si el cerdo también sabe silbar por detrás?

Esa idea era del asqueroso de Karl.

Precisamente en ese momento se acercaba un grupo de gente por la calle que daba al patio del colegio. Karl y Bossy y todos desaparecieron en el acto.

—¡Cobardes! —había murmurado él.

—Y si abres el pico y nos delatas —había sonado la última amenaza con el puño en alto—, ya sabes lo que te espera.

Por eso, Krissi no había dicho nada.

Semejantes tipos necesitan a alguien con quien meterse. Y cuando lo encuentran, nada les impide cargárselo. Porque están aliados contra el mundo. Es lo único que les hace sentirse fuertes.

—¡Ya te atraparemos! —le pareció oírles bramar todavía—. ¡Un día u otro nos las pagarás!

—¿Qué tal ambiente hay en tu escuela? —le pregunta de pronto la señora Meyes, arrancándole de sus pensamientos—. ¿Eh, Krissi? Me imagino que todavía hay orden, ¿no?

El niño se limita a asentir. ¿Qué va a explicar? Y, espontáneamente, saca del bolsillo un escarabajo. Muerto, desde luego, porque otra cosa hubiera sido maltratar a los animales. Lo deja encima de la mesa.

La señora Meyer retrocede asustada y cambia de tema.

—Eso del escarabajo no fue una buena idea —le riñe su madre, cuando poco después se han ido las visitas, mientras recoge la mesa.

Pronto llegará papá. Krissi envuelve su escarabajo y enciende el televisor. Dan noticias.

—Pero luego lo apagas —dice mamá—. En todos los noticiarios no hablan más que de guerras. Ya está bien por hoy.

—A todos los chicos les dejan ver la tele hasta las nueve.

—Pues tienes que acostumbrarte a que aquí te traten como si fueras un bebé —interviene Sabrina.

—Pero papá puede quedarse tanto rato como le dé la gana —gruñe Krissi y sube a su cuarto.

Está enfadado. Los demás explican siempre lo que han visto en la tele por la noche, y él ha de contentarse con hacer gestos afirmativos y procurar que no le pregunten nada.

Cuando ha oscurecido, Krissi se instala en su tienda de indios, de cara a la puerta, a esa puerta en la que, con ayuda de mamá, pintó un Sol. Ahora lo contempla y recuerda una canción india:

«Soy como un oso,
espero al Sol hermoso.»

La tararea. También la melodía le gusta. Sentado, sigue mirando el Sol. Está contento. Mañana irá a casa de Olaf. Pero mañana también aparecerá Bossy. Los dos, Olaf y Bossy. Una cosa le alegra. La otra... tendrá que resistirla y solucionarla solo...

Entra mamá a darle las buenas noches. Krissi se acuesta. Desea explicarle su problema. Ahora. Abre la boca y... suena el teléfono.

Su madre le da un rápido beso en medio de la frente.

—¡Siempre el dichoso teléfono! —se queja, y otra vez le revuelve el pelo—. ¡Adiós, hijo! Que duermas bien. Mañana vas a casa de Olaf, ¿verdad?

Y Krissi se duerme. A pesar de todo.

3
En casa de Olaf

El día siguiente empieza bien. Papá le acompaña en coche a la escuela. Eso lo hace cuando tiene tiempo. Krissi atraviesa a toda prisa el patio hasta reunirse con Olaf. Al mediodía regresa con su amigo. Así se siente seguro.

Y por la tarde acude a casa de Olaf. Le cuenta lo de Bossy y Henny y los demás, y la forma en que le amenazaron.

—Son unos matones —dice, y Olaf le da la razón.

—Nosotros nos mantendremos unidos —declara éste, después de reflexionar, y le tiende la mano—: Yo te iré a buscar por las mañanas, junto con Lucky.

Van a la cocina a buscar algo para comer.

—Hum. ¡Salchichas de Frankfurt! —se relame Krissi.

—¿Sabes qué? —dice Olaf—. ¡Formaremos la Banda de la Salchicha! Matones contra la Banda de la Salchicha.

Los dos se ríen y se juran fidelidad con dos salchichas cruzadas.

—Tienes que hablar de eso con tus padres —opina Olaf.

A veces Olaf se expresa como un adulto.

Después, el muchacho le enseña su casa. El despacho de su padre está en la planta baja. Es asesor fiscal.

—¿Y tu madre? —pregunta Krissi.

—Ya no está —contesta Olaf—. Murió.

Pero no le explica nada más, y Krissi prefiere no insistir en el tema.

Juntos clasifican algunas piedras para la colección de Olaf, que en dos ocasiones tiene que buscar el nombre en un libro. A continuación se entretienen con el ordenador.

—¿Sabes? Quiero inventar un juego en el que salgan unos extraterrestres que atacan nuestro mundo. Pero cierta melodía les impide actuar. Cuando la oyen, quedan paralizados y sin fuerza. Han de obedecer esa melodía.

—Me parece una idea formidable —afirma Krissi.

—Sí, porque en los juegos de ordenador que venden, todo se consigue con puñetazos —dice Olaf y conecta el aparato—. El año pasado vivíamos aún en otra ciudad, ¿sabes? Y, un día, uno se metió conmigo a causa de mi gorra.

—¿Y te pegó? —le pregunta Krissi—. ¡Cuéntamelo!

—Empezaré por el principio —explica Olaf—. Dirk se me acercó tan tranquilo. Él y yo llevábamos gorras de distintos equipos de fútbol. Dirk era fan del Bayern de Munich, y yo, del Karlsruhe.

—¿De veras tenías una de esas gorras? —le interrumpe Krissi, incrédulo.

—Sí. Pero escucha. «¿Eres hincha del Karlsruhe? ¡Si son unos mantas!», gritó Dirk, y me dio un fuerte empujón en el hombro. Primero así, en broma, pero yo me enfadé y le respondí: «¿Qué acabas de decir? Creo que no te he entendido bien. ¿Y por qué me pegas, además? Querrías decir lo contrario, porque el Bayern de Munich sí que es... es...». «¿Eh? ¿Qué es? ¡No te atrevas a insultar a los jugadores!», exclamó, mostrándome el puño. Los compañeros de clase, situados a nuestro alrededor, me animaban a pelear. «Ven acá y veremos quién es mejor», le reté yo, a la vez que le daba un empujón. Entonces Dirk me soltó tal puñetazo en la nariz, que me hizo sangrar. «¿Qué? ¿Vas a reconocer, por fin, que el Bayern de Munich es mejor?», preguntó. Pero yo no cedí. «No», chillé. «¡El Bayern de Munich es una porquería!» Peleamos hasta que intervino un *profe*. Quiso saber quién había empezado. «¡Dirk!», dije yo. «¡Que no, que empezó él!» Así seguimos un buen rato, pero finalmente discutimos el asunto con toda la clase. Durante horas. Cada cual buscaba una solución. Por último nos pusimos de acuerdo en no llevar a clase gorras ni bufandas de los equipos de fútbol. En la clase no debía haber violencia. Cada cual sabía que en la clase estaba seguro y que, además, sería defendido por los compañeros. Y eso me pareció bien.

Krissi hace un gesto afirmativo.

Olaf continúa.

—También encontré acertada otra cosa. Uno de los maestros organizó unas sesiones con un grupo de chicos y chicas. Analizábamos las películas para saber por qué a la gente le gusta la violencia y qué hay de malo en ello.

De pronto, Krissi golpea en broma a Olaf por la espalda.

—¡No te pases, tío! —protesta Olaf.

—Pero si no es nada —opina Krissi—. ¿Quieres que peleemos un poco, sólo en broma?

Y lo hacen, aunque no tardan en cansarse.

—¿Por qué no programamos ahora el juego de ordenador? ¡El de la melodía, que parece tan divertido! —propone Krissi.

—No tengo ganas ahora —contesta Olaf—. Prefiero enseñarte otra cosa. Mi secreto.

Olaf va en busca de la llave de su casa.

—He de dejarle escrito a mi padre dónde estoy. Espera un momento.

De la nevera cuelga una libreta en la que pone: «No regresaré hasta las seis.» Olaf anota debajo: «Son las cinco y media. Volveré dentro de una hora.»

Cierra la puerta de entrada y se guarda la llave en el bolsillo.

Corren por un estrecho camino que, detrás de la casa, conduce a un bosquecillo, y allí se arrojan hojas secas. Eso resulta divertido. Olaf se detiene por fin al pie de un gran árbol viejo.

—Es aquí.

Olaf señala hacia arriba. En lo alto hay una cabaña de madera que parece un nido gigantesco.

—¡Caramba...! —exclama Krissi, y trepa por la escalera de mano—. ¡Siempre soñé con tener algo así!

El suelo de la cabaña resiste bien. Olaf había arreglado el tejado con bolsas de plástico.

—Ahora cierra los ojos —le dice Olaf, y le tapa los ojos con una bufanda.

Krissi oye crujidos y ruido de papeles. ¿Qué sorpresa será ésa?

—No tardaré mucho —le indica Olaf.

Krissi trata de descubrir algo por debajo de la tela, pero sólo ve los pies de Olaf, y eso no le da ninguna pista.

Por fin, Olaf le quita la venda de los ojos y abre una caja que contiene tebeos del ratón Mickey, una manta, una estera para el suelo, sobre la que se puede dormir, una linterna, bebidas y galletas.

—Para los malos tiempos —explica Olaf con un guiño.

En las paredes hay enganchados pósters, aunque en la penumbra casi no se distinguen.

—Durante las vacaciones quizá podamos pasar aquí alguna noche —dice Olaf—. Nosotros, los de la Banda de la Salchicha. Tenemos que buscar a algún otro miembro para nuestra banda. Estoy seguro de que a Lucky le gustará participar.

—¡Súper estupendo! —exclama Krissi.

—¡Súper estupendísimo! —ríe Olaf.

—¡Superrequeteestupendísimo y salchichísimo! —grita Krissi—. Lo importante es que ningún extraño encuentre nuestra cabaña.

—No le sería fácil —explica Olaf—. Hace mucho tiempo que está aquí.

Ya es oscuro cuando Krissi vuelve a su casa. Allí ve una nota de sus padres: «Vamos un rato a casa del abuelito. Sabrina sí que está.»

De vez en cuando, sus padres juegan a cartas con el abuelo.

Krissi suspira. ¡Hoy, que por fin quería hablar con mamá! La tarde con Olaf le ha dado ánimos, y su amigo cree que debe sacarse esa pesadilla de encima. El niño se muerde las uñas.

—Bueno; es igual —murmura—. ¡Me importa una salchicha, dos salchichas, tres salchichas!

Cuando Sabrina le da las buenas noches, Krissi está a punto de contárselo a ella. Pero no: es mejor hablar primero con mamá, y sólo después con Sabrina y papá. Por eso no dice nada, de momento.

Besa a su hermana en la oreja izquierda y luego en la derecha, hasta que Sabrina protesta:

65

—¡Basta ya! ¡Que duermas bien, pequeñajo!

4
Un día negro como el ala de un cuervo

Al día siguiente, todo va mal desde el principio. Krissi se ha levantado con el pie izquierdo. Eso es lo que uno dice cuando las cosas le salen torcidas. Mamá se ha dormido. Por eso no ha podido despertar a Krissi como de costumbre, con cosquillas y revolviéndole el pelo. Sólo le da un beso en la mejilla izquierda. Ni siquiera hay tiempo para más besos. De ese modo, nada puede ir bien.

Lo único que dice mamá es:

—¡Levántate, Krissi! Nos hemos dormido todos.

Y deja la puerta abierta, cosa que a él le hace muy poca gracia, porque cualquiera puede fisgonear lo que pasa en su cuarto. Y a primera hora Krissi necesita estar un ratito solo, pensando.

Entonces su padre grita:

—¡Deprisa, deprisa!

Y se pone de un humor de perros porque le ha saltado un botón de la camisa. En toda la casa resuenan sus voces.

«¡Qué gruñón!», piensa Krissi.

Y encima hay que aguantar a Sabrina, que por la mañana siempre está insoportable, y a mamá, que ha tirado al suelo una taza de cacao. ¿Y qué pasa con él? Vuelve a tener miedo de Bossy y Henny, esa pareja de chulos asquerosos. Su único consuelo es Olaf. Pero para colmo, éste llama y dice:

—Oye, que hoy no puedo ir contigo. Tengo hora en el dentista. Lo había olvidado. Pídele a tu padre que te acompañe.

—¡Mierda! —murmura Krissi.

—¿Qué?

—Nada, nada.

Si pudiera, no iría a la escuela. Pero para eso hay que estar enfermo. Por desgracia, uno no siempre encuentra unos virus a mano cuando los necesita. Ya lo intentó en una ocasión, cuando su abuelo estaba muy resfriado y fue a visitarle adrede.

«¡Mierda!», piensa otra vez.

Papá tampoco puede acompañarle, claro. Como todos se han dormido... Además, no ha hablado todavía con su padre sobre su problema. De todos modos, lo único que él diría sería: «Ya se solucionará. Esos chicos sólo te están poniendo a prueba. Tú, haz como si nada.» Krissi ya conoce las frases típicas de su padre; unas frases que no le dan la fuerza que él necesita.

Sin embargo, hasta llegar al colegio todo va bien, porque ha ideado un nuevo rodeo.

La cosa se estropea en la clase de Inglés. ¡Qué día más gafe! Krissi se muerde las uñas. Piensa en el recreo y se pregunta si, para entonces, Olaf ya habrá llegado. Porque..., ¿con

quién puede bajar al patio, si no? Naturalmente, no presta atención a la clase. Se vuelve ligeramente hacia atrás. Kati le cae simpática. Aunque también se rió cuando, anteayer, llegó con retraso y no supo qué decir. Entonces Bumpi le toca la espalda.
—¡Oye, que te toca a ti! Di *desk*.
—*D-d-desk* —tartamudea Krissi.
—¡Muy bien, chico! —exclama la señora Fromm—. Pero yo quería que lo dijera Krissi.
¡Lo que faltaba! La maestra se acerca a él y pregunta:
—*What is that?*
Señala una silla y alza la ceja derecha al no recibir respuesta.
«¡Diantre!», piensa Krissi. «¡Si ayer lo sabía!»
Sin embargo, no lo recuerda. No hay manera. Sólo se pone colorado.
Entonces, también Kati se ríe. Krissi lo ve, a pesar de que ella se sienta detrás de él. To-

dos vuelven a tomarle el pelo. Él infla las mejillas. Un día desastroso. Como a través de una pared de vidrio, Krissi oye decir a la profesora:

—Mañana volveré a preguntarte. Por tu cara, estoy segura de que te lo habrás aprendido.

Y la señora Fromm sonríe.

—¡Pero si Krissi es tonto! —vocea Blacky.

Eso representa un duro golpe para el chico. Ni siquiera la sonrisa más dulce de la maestra puede borrarlo.

«Pero si Krissi es tonto...» Krissi vuelve a mordisquearse los dedos. Ahora ni siquiera le sirve la compañía del osito en el bolsillo.

Y eso es sólo el comienzo. En la segunda hora tiene el convencimiento de que toda la clase está en contra de él. Son unos antipáticos. Unos requeteantipáticos. ¡Con lo que él se esfuerza en hacerlo bien! Pero existe el miedo. Como una pared entre él y los demás... que nadie más nota.

Ha olvidado en casa el cuaderno de *Mates*, y el profesor Bergmann dice:

—¡Claro! ¡Típico de Krissi!

Y hace una raya en su cuaderno de apuntes. Krissi se enfada. Bergmann es un imbécil, un cabezota. Y a él no le puede ni ver. Eso de «típico» es bien típico de un zopenco como Bergmann. Krissi está furioso.

Y entonces siente que va a explotar. Quisiera llorar y chillar y, a la vez, todo le importa un pito. Eso le produce dolor de barriga. ¡Y él, que lo quería hacer todo perfectamente! El chico mueve inquieto el trasero en la silla.

—Ven aquí —dice Bergmann.

«En su voz hay sorna», piensa Krissi. Pero va, con las mejillas infladas.

¡Pfff!

Eso le pasa siempre que se pone nervioso. En su cabeza bulle un montón de quejidos. Un gran montón de quejidos. Todo le molesta: la tripa, las piernas, la cabeza... Y, de pronto, todos los compañeros se ríen de él: no le quieren. ¿Cómo va a poder resolver esa operación con las risotadas de los demás? Y le señalan con el dedo. Por la espalda. Krissi está totalmente aturdido. ¿Qué tendrá en la espalda? Se la toca, pero no encuentra nada.

Bergmann se enfada. Con todos.

—¿Queréis callar? —brama.

Por espacio de un segundo reina un silencio absoluto en la clase, pero en medio de esa quietud vuelve a sonar el silbido de Krissi, de tan nervioso como está. Nuevas carcajadas.

Bergmann pierde la paciencia.

—¡Basta ya de soplidos! ¡Más vale que hagas el cálculo, *inflamejillas!* —le riñe.

Krissi se esfuerza por no llorar y procura concentrarse en los números que tiene delante. Pero tan pronto como se pone de espaldas a la clase, los demás niños revientan de risa y ya no hay quien los calme. Krissi se equivoca en la cuenta y vuelve a hacer «pfff».

—¡Krissi, cerdo soplón! —suelta uno.

Krissi se siente totalmente incapaz de resolver la operación.

—¡Típico! —repite Bergmann.

Y entonces descubre el cartel que Krissi lleva en la espalda. «Cuidado, muerde», dice. Alguien se lo ha puesto.

Bergmann casi acaricia la cabeza del niño. De pronto ha cambiado por completo.

—Sólo es una broma que te han querido gastar, Krissi. Mañana volveré a preguntarte —y de cara al resto de la clase, añade—: Es muy feo lo que le habéis hecho.

Después le toca el turno a Blacky, que tampoco sabe resolver el cálculo. Pero eso no mejora el estado de ánimo de Krissi, que apenas se da cuenta. Nadie le quiere. Permanece sentado con los ojos llenos de lágrimas, que, sin embargo, no puede permitirse soltar, porque los demás se reirían de nuevo. Mantiene la vista fija en el pupitre, con la cabeza apoyada en las manos. Alguien escribió en la madera:

«Aquí, un canguro
estiró la pata.
¡Ay, qué bien!,
no dio más lata.»

Krissi sigue mirando el pupitre. De sus ojos se desprende una lágrima, y sobre la palabra *estiró* se forma un pequeño charco; las letras se borran y se diluyen en un charquito. «¡Pfff!», hace el niño. Y lo limpia con el puño.

Alza la vista. Ha sonado el timbre.

Durante el recreo da vueltas por el patio. Solo. Kati también es tonta. Se reía tanto como los demás. Y Olaf todavía no ha llegado.

Krissi empuja una piedra con el pie. Y luego la dispara. Simplemente por capricho. Y porque está furioso. Entonces se precipita hacia él un muchacho ya mayor.

—¡Oye! ¿Estás loco?

La piedra le ha dado en la espinilla, y ya cierra el puño... Pero en ese instante toca el timbre. El descanso ha terminado. Olaf aún no ha llegado.

Menos mal que su amigo aparece cuando comienza la clase de manualidades. Le hace un guiño a Krissi, y ya va todo mejor. El avión que construye Krissi le queda bien y él se siente muy orgulloso. Se lo regalará a papá para su cumpleaños. ¡Qué buena idea! Es posible que, entonces, papá vaya con él a hacerlo volar.

Todos han terminado el trabajo. Otra vez suena el timbre. De pronto se suelta el ala derecha del avión de Krissi.

—Aún tienes tiempo de pegarla —opina el señor Winkel.

Es un buen hombre, y Krissi le tiene simpatía.

—Pero date prisa —agrega el profesor—, que tus compañeros ya se marchan.

Cuando Krissi desciende la escalera diez minutos después, ve allí a Henny. «¡Mierda!», piensa. Intenta retroceder, pero el señor Winkel ya ha cerrado la clase.

—¡Vaya sorpresa! —exclama Henny, y se coloca burlona delante de él.

A Krissi le entra miedo. «¿Qué debo hacer?», se pregunta. Como no tiene posibilidad de escapar, procura pasar de manera tranquila por su lado, aunque con el avión a la espalda.

Pero de la nada surgen Bossy y Per, que sonríen con el mismo descaro de Henny.

—¿A ver qué es eso tan bonito?

La chica le arrebata el avión y lo hace pedazos.

—¡Mala pata, pequeño! —tiene aún el valor de decir.

—Lo siento —interviene entonces Bossy, le agarra por un hombro y le empuja hacia un patio al que no suele ir ningún maestro—. Vamos a conversar un rato, ¿eh, enano?

De pronto, Krissi ve a Olaf a través de la vidriera. Sólo brevemente. Olaf lo ha visto todo. «Ahora vendrá en mi ayuda», piensa Krissi. Pero Olaf da media vuelta y echa a correr. Tiene que haberse dado cuenta, ¿o...? Olaf le ha hecho una señal. No puede ser que ahora... Sin embargo, ha desaparecido. Krissi ya no entiende nada de nada. Está totalmente desorientado. Se siente solo. Y le siguen empujando. ¿Qué le pasa a Olaf? ¿Dónde se ha metido? ¿Y qué diablos quiere Bossy? Mil preguntas surcan su cabeza, pero no tiene respuesta para ellas. Una bofetada le saca de sus pensamientos.

—Esto da resultado —ríe Henny, que le mantiene sujeto.

—¿Por qué hacéis esto conmigo? —jadea Krissi, pero probablemente era lo más tonto que podía preguntar.

—¡Porque sí! —exclama Henny y suelta una carcajada—. ¡El muy tonto quiere saber por qué! —grita—. Pronto te lo explicare-

mos con toda tranquilidad, pequeñajo.
 Y le arrastra hacia un rincón oscuro del patio.
 A Krissi le parece tener un velo negro delante de los ojos de tanto miedo que siente. Cree volverse loco, y nadie le deja en paz... ¿Qué le pasa a Olaf? ¡Eso! ¿Dónde está? ¿Qué hace Olaf?
 Bossy le suelta un puñetazo en el estómago.
 —Empecemos por un pequeño interrogatorio —propone Henny.
 —¿Cuándo naciste, enano? —pregunta Bossy.
 —El 29 de septiembre.
 —¡Genial! Así podremos celebrar pronto el cumpleaños de este niño mimado —exclama Bossy—. ¡Será una fiesta divertida!
 Propina luego un puntapié a Krissi y canta:

«Cumpleaños feliz,
te voy a hinchar la nariz,

te caeremos encima,
cumpleaños feliz.»

—¡Ja! Una fiesta de cumpleaños de tus... enemigos —grita Henny.

Y Bossy vuelve a pegarle en el vientre. Le da rabia que intervenga Henny, y lo paga Krissi.

—¿Tu color favorito? —pregunta—. ¡Contesta de una vez!

Y ya prepara otra vez el puño.

—Amarillo —musita Krissi, medio mareado.

¿Quién no se va a encontrar mal si le golpean en la barriga?

—¿Cómo se llama tu mamá?

—Rosi.

—¡Ay, qué bonito! Rosita, Rosita Rositín, que en un orinal cruza el Rin...

Y Bossy baila sobre una pierna, como si estuviera borracho.

Krissi no puede más, de tanto miedo y

tanta rabia. ¿Qué puede hacer? Lucha contra las lágrimas, que finalmente brotan de sus ojos.
—¿Y tu papá? ¿Qué profesión tiene?
Bossy se planta nuevamente delante de él.
—Es funcionario —murmura Krissi.
—Ya. Será un chupatintas.
Y Bossy le explota en la cara un grueso globo de chicle. La mitad se le queda enganchada en la nariz a Krissi, que todavía se siente peor.
—Mi papá es un jefe —alardea Bossy—. Conduce un coche *así* de grande —y señala algo enorme—. Y tú, cerdo, ¿no piensas devolverme mi chicle? —dice, pegando una vez más a Krissi, y encima le da un puñetazo en la nariz—. ¿Desde cuándo mastica uno con la napia?
Los demás se ríen. Lo encuentran muy divertido.
—¡Defiéndete, gilipollas! —propone

Henny, burlona, y le da un empujón.

—No —se limita a responder Krissi.

Le duele la cabeza. Quien no lo haya vivido no sabe lo que representa ser maltratado así y pasar miedo de verdad.

—¡Vamos a hacer lo que vimos ayer en el vídeo! —sugiere Per—. Examinémosle un poco... ¡Abajo el pantalón!

—¡El pantalón del cagón! —chilla Henny.

—Ven, cerdito soplón. ¿Por qué no soplas ahora un poco?

Y le quitan las gafas. Krissi se resiste. Y les muerde.

—¡Anda! Dale en la zanahoria.

Los tres lo empujan de uno a otro, como una pelota. Pellizcándole además.

—¿También sabes silbar por el culo? —pregunta Henny.

Krissi no quiere llorar. Pero uno le agarra por el pantalón y tira de él.

—¿Llamamos a tu mamá, Krissito? —dice Bossy con sarcasmo—. Entonces, tu mami te contará la historia del coco...

Y le da en el pecho.

Alguien silba. Por lo visto, uno de ellos estaba vigilando.

De repente se largan todos. Como si se los hubiera tragado la tierra.

También Krissi desea irse. Rápidamente recoge sus gafas. «Saltaré la pared», piensa. No quiere seguir ni un momento ahí. Trepa tembloroso. Y llora. Trepa y baja por el otro lado. Corre como un loco. No quiere volver a caer en manos de esos tipos. Nunca más. Nunca más.

5
Krissi desaparece

El miedo puede actuar como un mando a distancia. Pero nadie sabe la dirección. Ésa sólo la conoce el miedo, y no se la revela a nadie.

Pfff.

Krissi se aleja corriendo. Sólo quiere marcharse, huir. La angustia le hace ir como loco. Cruza una calle, chirrían unos frenos. Un señor ya mayor le riñe:

—¡Maldito mocoso!

Pero Krissi no se detiene. El miedo le impulsa. El miedo le ciega. Choca contra la cesta de la compra de una señora.

—¡Loco!

Pero él corre de nuevo. El miedo le hace enmudecer.

Anhela llegar a casa. Quiere hablar. Pero no puede. Pasa de largo. La puerta era como un imán para él, y al mismo tiempo le repele... En casa nadie tiene tiempo para él. Ni su madre ni su padre. Ni siquiera Sabrina. Nadie.

Y él está atemorizado. Muerto de miedo. Además, va cubierto de chichones, arañazos y morados. Le duele la cara. Nota que sangra. También siente un fuerte dolor en la boca del estómago.

¿Y el abuelo? Ah, eso sería buena idea. Krissi corre aún más. Llama al timbre de la casa del abuelo. Pero..., ¿no quería huir? Hasta Olaf desapareció, en vez de defenderle. Nadie está de su parte. Y esto es lo que más duele. Krissi continúa a escape. Sin rumbo fijo. Únicamente ansía alejarse. Porque nadie le ayuda. Está solo. Solo del todo.

Después de correr un buen rato, Krissi se calma. Quiere ir a algún sitio donde tenga tranquilidad. Donde nadie le moleste, ni pueda llamarle «hijo de perra», ni «cagón», ni «chupete», ni «cerdo soplón», ni «cara culo».

No; Olaf no se presentó. Quizá quiso hacerlo pero le fue imposible. Krissi no puede saberlo. Y se siente abandonado. También por Olaf. Sin embargo, en seguida trata de apartar de sí tal pensamiento.
¡Ay, Olaf! Y Paul no le escribe... Y mamá nunca tiene tiempo para él cuando intenta hablar con ella. Siempre suena el dichoso teléfono... Y papá..., papá sólo quiere un «verdadero chicote». ¿Y él no lo es, acaso? Lo único que ocurre es que su padre piensa de manera distinta. Un «verdadero chicote» devuelve el golpe. No tolera semejantes cosas. Construye aviones que no se rompen... Y el suyo está roto.

Krissi desearía sentarse y llorar. Sacar toda la pena que lleva dentro y chillar. Hasta que se le agotaran las lágrimas. Pero en vez de eso, sigue corriendo.

Quiere llegar a donde nadie pueda encontrarle. A África, o quizá a un barco. Como en un libro que leyó. A lo mejor, incluso podría irse con los indios. ¡Bien lejos! Sí, y vivir con ellos. Primero haría acopio de fuerzas, y luego sería curandero o hechicero de la tribu. ¡Eso! «Los indios tampoco luchan siempre —se dice—. Utilizan mucho la cabeza. Tienen ideas y reflexionan. No atacan en seguida. ¡Piensan!» Y después, mucho más adelante, regresaría para anunciar: «¡Aquí estoy!» Podría traer oro y explicar un sinfín de cosas. Además sabría hacer encantamientos y tendría tiempo para todo el mundo. ¡Sí! Les daría grandes sacos llenos de tiempo, sacos llenos de pensamientos y sacos llenos de palabras que uno pudiese pronunciar. Para que los demás supieran quién es él... En su mundo reinaría la paz. Estaría prohibido reírse de la gente. Sólo se debería hablar. Y pensar. Y fumar la pipa de la paz.

—¡Mira por dónde vas, crío!

Otra vez alguien le molesta. Krissi se encuentra ante la entrada de un amplio aparcamiento gris. Mire a donde mire, no ve más que asfalto.

Está cansado. Se vuelve. ¿Qué puede hacer?

Lo mejor sería no existir. Sí; eso sería una solución. Se sienta encima de una pared de poca altura y llora. Pero ha de procurar que nadie le descubra. Porque en este barrio ya le conocen algunas personas y sin duda le preguntarían: «¿Qué te pasa, niño?»

Ahora se acerca una anciana con un carrito de la compra. Krissi decide alejarse más. Hace una mueca. La mujer menea la cabeza. Los vecinos que le conocen saben que a esta hora debería estar en la escuela y se preguntarán por qué no ha ido.

La anciana pasa por su lado con el carro. Chirrían las ruedas. La mujer arrastra un pie. Krissi la sigue con la vista hasta que desaparece en la siguiente esquina. Hace otra mue-

ca. De ésa ya no tiene nada que temer. El chico cambia de dirección.

Las casas de estas calles son tan viejas como la anciana. Y grandes. ¡Si pudiera esconderse en una de ellas por algún tiempo...! O vivir como Robinson Crusoe... Pero para eso necesitaría una isla rodeada de un gran mar, porque no existe un Robinson que viva en un piso. Le consuela pensar que en su bolsillo lleva a Chiquito, que existe de verdad y siempre le acompañará a donde sea. ¡Incluso al fin del mundo!

6
Esperar y buscar

Después del recreo, en la escuela sucede algo inusual. Ha aparecido la cartera de Krissi. También encuentran su cuaderno y su estuche. Sólo falta Krissi.

—¿Dónde se ha metido ese crío? —pregunta el señor Kramer, el profesor de Lengua.

Casi todos se encogen de hombros.

—Ya vendrá —opina uno—. Quizá ha ido al lavabo.

Kramer echa una mirada al cuaderno de Krissi. Lo toma, lo abre y lee: «más que subnormal», «engreído», «rechoncho», «me importa un pito» y «me importa una salchicha, dos salchichas, tres salchichas».

Olaf observa a Kramer, que se estira del bigote, aprieta los labios y vuelve a preguntar:

—¿Quién sabe dónde está Krissi?

—¡Y a mí qué me importa! —contesta uno.

Entonces Olaf piensa: «Tengo que decir algo.» Hace acopio de valor. No le resulta fácil. También él siente miedo. Pero si nadie dice nada, el problema seguirá y seguirá. Ya llegó tarde cuando quería ayudar a su amigo. Sí: deseaba ayudarle, pero no solo. Y al regresar por fin con refuerzos, habían desaparecido todos. Como si se los hubiese tragado la tierra.

Olaf levanta el dedo. Y explica lo que ha visto. Kramer le escucha con atención. También los demás permanecen callados. Ninguno suelta risitas ni cuchichea. Y Olaf habla de Bossy y Henny y Per... De toda la banda. De los *matones*, como Krissi los llama. También cuenta que siempre están insultando a Krissi con expresiones como «cerdo soplón» o «cara culo». Ahora nadie se ríe de ello.

—¡Sinvergüenzas! —murmura Kramer.

Es un hombre que dice lo que piensa. Con sinceridad. En cierta ocasión, una madre ya le llevó ante los tribunales.

«Yo llamo sinvergüenza a quien lo es», declaró Kramer. Perdió el pleito y fue sancionado.

—¡Sinvergüenzas! —repite ahora, y reflexiona mientras va de un lado a otro con el entrecejo fruncido.

Finalmente se quita las gafas.

«Kramer es un tipo estupendo —piensa Olaf—. He hecho bien en hablar con él.»

En la clase reina un silencio absoluto. Todos comprenden que ha sucedido algo serio. Y están asustados.

Kramer vuelve a tirarse del bigote y se pasa la mano por las mejillas antes de anunciar:

—Hemos de buscar a Krissi. Vosotros recorreréis el patio, y también la parte que hay detrás. Yo agarraré a Bossy y sus cómplices e informaré al director. Dentro de quince minutos os quiero otra vez aquí.

Casi todos se ponen de pie y salen disparados. No se estaban portando bien con Krissi y tienen que resolver la situación. Los alumnos lo saben, pese al poco tiempo transcurrido desde el inicio del curso.

Sólo Blacky y Piet continúan sentados.

—¿No queréis participar en la búsqueda?

—No tenemos ganas.

—¡Ya lo creo que buscaréis con los demás! —les grita Kramer.

—¿Por qué? —replica Blacky, inclinado sobre el banco, mirando descaradamente al profesor—. No veo por qué he de hacerlo. Para mí, Bossy es todo un *tío*.

También Piet dedica una insolente risita a Kramer.

—¡Si no os vais en el acto, os vais a acordar de mí! —dice el profesor entre dientes—.

¡Ese Bossy no es más que un indeseable y un cobarde!

—¡Ni que fuésemos las niñeras de Krissi!

—¡Fuera ahora mismo!

Cuando Kramer habla entre dientes quiere decir que está furioso. Eso lo saben bien sus alumnos.

—Aquí venimos a aprender, señor Kramer. ¡Para eso le pagan!

Los ojos del profesor llamean por espacio de un segundo. ¿Rabia o temor? Luego, su expresión se tranquiliza.

—Ante todo debéis aprender a ser personas y eso incluye respetar a vuestros compañeros.

También Blacky se da cuenta de que Kramer está muy enfadado. Se levanta, se estira el chicle de la boca y, con paso expresamente lento, va hacia la papelera.

—Mi padre dice lo mismo —suelta con toda desfachatez.

Entonces, Kramer coge con firmeza a Piet

por un brazo y a Blacky por la espalda y empuja a ambos en dirección a la puerta.
—Más valdría que tu padre te dijera dónde están los límites para tu caradura.
El profesor los obliga a salir y la resistencia de los mozalbetes cede.
—¡Esto no acabará aquí! —se atreve a amenazarle Blacky.
—Para mí sería un placer hablar con tu padre. Sobre todo, acerca de tu actitud y de cuándo puede uno permitirse el descaro y cuándo no.

Kramer va al despacho del director y le informa del asunto.
—Es preciso actuar, señor Bauer —concluye la explicación.
—¡No perdamos la serenidad! —dice el director, a la vez que saca su reloj de bolsillo, gesto que hace siempre que está nervioso; parece pensativo y da pasos por su despacho—. No nos precipitemos. Interrogue a

Bossy, a Henny y a todos los de esa pandilla. Tal vez sepan dónde se esconde Krissi. No quisiera avisar a sus padres ni a la policía antes de que se haya comprobado que el niño no está en el recinto de la escuela. No nos pongamos aún en el peor de los casos... Quién sabe si, entre tanto, el chiquillo no ha regresado ya a su clase. Haga el favor de avisarme en cuanto averigüe algo.

Kramer manda llamar a Bossy, Henny y Per y se los lleva al aula de quinto curso. Allí ya han vuelto todos. Krissi ha desaparecido sin dejar rastro. Nadie lo encuentra. Sus compañeros de clase han descubierto su bocadillo junto a la pared posterior del patio.

El profesor pregunta a Bossy, Henny y Per qué ocurrió en el recreo, y si conocen el paradero de Krissi.

Los tres se encogen de hombros con una risita burlona.

—¡Si sólo fue una broma! No iba en serio.

—¿Y ahora no sabéis dónde está? ¿Por qué se ha ido si realmente era sólo una broma como decís? —inquiere Kramer, cortante.

—¿Tengo cara de ser su canguro? —replica Bossy.

—No lo eres —dice Kramer—. Pero eso no te da ningún derecho a intimidar a los niños más pequeños que tú. Quiero saber qué hicisteis. ¿Le habéis encerrado en algún sitio? ¿Dónde está Krissi?

Poco a poco, los culpables confiesan, aunque Kramer tiene que sonsacarles la verdad. Incluso explican cómo le rompieron el avión, cómo llevaron a Krissi a empujones al patio, cómo le golpearon... Parecía que se sentían casi un poco orgullosos de su hazaña.

—¡Pero si no lo hicimos en serio! —insiste Henny.

Algunos niños de la clase se enfurecen.

—¿Que no iba en serio? —protestan.

—¡Chulos! —grita Kati.

—Si llego a saberlo... —interviene Olly.
—¡Matones! —vocea otro.
—Y luego..., ¿qué? —pregunta Kramer.
—Nos fuimos porque venía alguien.
—Además, cobardes. ¡Muy bonito! —les ataca Kramer.
—¿Es que me crees idiota? —planta cara Bossy.
Kramer se limita a mirarle.
Olaf mira hacia atrás y piensa que tiene que hablar y decirlo todo.
—Los que están ahí detrás también molestaban mucho a Krissi. Siempre le llamaban «birria», y le pegaban puñetazos y patadas. Por cualquier motivo. Y si Krissi no sabía algo, se burlaban de él.
—¡No es verdad! —chilla Blacky.
—¡Sí lo es! —confirman Bumpi y Olly.
En la clase se arma un alboroto. Todos se levantan de sus asientos. Henny se ríe.
—¿A qué viene esa risa? —exige saber Kramer.

—Pues... que me hace gracia la cosa —contesta Henny—. ¿O es que una ya no puede reírse?

Kramer aprieta los labios.

—Desde luego, puedes reírte. Pero deberías aprender cuándo es oportuno hacerlo y cuándo no... Y lo que estamos tratando es muy serio.

—¿Por qué? —insiste Henny con desfachatez.

—Porque ha desaparecido un compañero vuestro, y nadie sabe dónde está —señala Kramer.

—¡Eso! —se mezcla Benny—. Yo ya estoy harto de las majaderías y risitas de Henny. Ésa sólo busca llamar la atención. Cuatro se lo toman a cachondeo y veinte estamos nerviosos y preocupados. Y los que tanto se ríen sólo sueltan paparruchadas para darse importancia. ¡Tendríamos que hacer algo en vez de escucharles!

—¡Bravo, Benny!

Henny, Bossy y Per le aplauden en plan payaso.

Kramer está a punto de estallar.

—¡Callaos de una vez, o prometo que os acordaréis! Centrémonos en lo que realmente importa —dice, y se gira hacia la pizarra.

Al hacerlo, descubre que alguien ha escrito en grandes letras mayúsculas:

«KRISSI, INFLAMEJILLAS, CERDO SOPLÓN»

Es la letra de Piet. El profesor lo borra con la esponja.

—¿Puedes decirme por qué escribiste esto, Piet?

—Porque es divertido ver cómo se enfada Krissi.

—¿Ah, sí? ¿Y qué hay de los puñetazos?

—También le quitan la mochila —agrega un niño desde atrás.

—O le bajan los pantalones en los lavabos de los chicos, para ver si de veras le corresponde ir allí.

—O le sujetan para darle puntapiés en la barriga y dicen que sólo querían oír qué ruido hacía.

Ahora hablan todos a la vez.

—¡Silencio! —grita Kramer.

—Pues ya han hecho lo mismo con otros niños.

—¡Ah! ¿Y lo permitisteis? —interroga el profesor.

—¿Qué remedio nos queda? Casi nos amenazan: «Si te chivas, ya puedes prepararte para algo mucho peor.» Y claro, a uno le entra miedo. Todo el mundo les llama «los matones». No hay nadie en nuestra clase que se atreva a plantar cara a Henny, Per y Bossy.

—Sólo buscan impresionar y demostrar lo fuertes que son.

—¡A veces hasta exigen dinero con sus amenazas! Cada día un marco, o lo que sea. Y si no lo traes, te pegan una paliza. Y es

más: si un niño no tiene dinero, pretenden que lo robe en casa —interviene de nuevo Benny.

Kramer va de un lado a otro, tirándose del bigote. Con gusto se taparía las orejas, de tan harto como está.

—En realidad son unos cobardes —dice Olaf—, porque únicamente se crecen si están en grupo.

—Si no, son un cero a la izquierda.

—¿Opináis, entonces, que solamente atacan a los niños y niñas más débiles y que con ellos se envalentonan?

Todos asienten.

Henny forma bolitas de papel y las coloca delante de sí. Como si ya se preparase para dispararlas. Hace como si el asunto no fuera con ella.

—Quiero hablar con cada uno de vosotros a solas. Aguardad aquí hasta que os llame. ¿Queda claro?

Kramer mira severamente a los ojos de

Bossy, Henny y Per. Los chicos han comprendido.

El profesor consulta luego su reloj. Son ya las doce y media.

—Creo que ha llegado el momento de buscar en serio a Krissi. Por lo menos, tenemos que informar a sus padres. Es posible que tenga que ausentarme durante el resto de la mañana —dice, después de reflexionar unos instantes—. Id haciendo los deberes.

Nadie lanza gritos de alegría. Todos permanecen sentados con la cabeza agachada. En su mayoría, los niños están indignados con los matones y ansían hacer algo. Únicamente Blacky y Piet muestran una risita descarada.

Kati no puede apartar la vista del sitio de Krissi, ahora vacío. Es evidente que lucha por contener las lágrimas.

Kramer manda pasar a Henny.

—Dime qué hicisteis.

—Ya se lo explicamos —contesta la chica—. Era una broma pero usted no lo entiende, claro.

—¿Te das cuenta del martirio que ha sufrido ese niño?

Henny hace un gesto de afirmación.

—De eso se trataba; precisamente —replica tan tranquila—. *Mola* mucho ser fuerte y además es divertido. Todo lo demás es un rollo.

—¿Al menos lo lamentas? —pregunta Kramer.

—Nooo —responde ella con absoluta frialdad—. ¿Lamentarlo? —prosigue Henny, que encoge los hombros y emite una áspera risa—. La vida es así: el fuerte sacude al chico. En todas partes sucede lo mismo.

Kramer mira a Henny. Ve unos cabellos oscuros, muy cortos. Una cara paliducha. Mallas negras. Jersey blanco y negro. Un pendiente largo. Y sólo es una cría… La chica da un puntapié a un paquete de chicle que hay en el suelo.

—¿Puedo largarme ya?
—Vete, sí —contesta Kramer.
¿Qué más puede decirle?
Cuando la puerta se cierra detrás de Henny, el hombre respira a fondo. A continuación interroga a Per y luego a Bossy.

Al terminar, Kramer avanza por el desierto pasillo cuando nota que alguien corre detrás de él. Se vuelve. Es Bossy.
—Quería preguntarle algo antes de irme... —jadea éste, y se quita la gorra.
Luego, el chico se contempla las zapatillas deportivas. Los cordones le cuelgan sueltos, encima le caen los tejanos, y la camiseta le va grande y muy ancha. Bossy se pasa las manos por el cabello.
—¿Sabe cómo se siente uno...? —balbucea—. Verá —continúa, y de nuevo baja la vista—, como yo no soy tan listo como mi hermano, en casa siempre me tratan como al pequeñajo tonto. No oigo más que: «¡Mi-

ra qué notas ha traído tu hermano! ¡Fíjate en tu hermano Arne! ¡Arne sí que sabe lo que quiere!». Yo también tengo mis sueños, pero nadie lo comprende. Tal como están las cosas, sólo vale algo el que triunfa. Los demás no son nada. Ni siquiera importa que los demás coman o la ropa que se ponen... Y entonces uno empieza a hacer el burro porque..., porque se siente un cero a la izquierda. Yo sólo deseaba sentirme superior por una vez...

Kramer le escucha. Bossy sigue con su confesión para llenar el silencio.

—Si pego a alguien, entonces me... me siento como un Porsche en un adelantamiento... ¿Me entiende?

Kramer escucha con atención.

—Con mi padre... no puedo contar para nada —continúa Bossy—. Lo único que dice siempre es: «Tranquilo, todo cambiará...» ¡Es un blandengue!

—¿Tú preferirías que... —aquí, Kramer

vacila— alguna vez diese un puñetazo en la mesa?

—Sí.

Pero, de repente, Bossy se da cuenta de todo lo que acaba de decir. Se pone rápidamente la gorra, da media vuelta, murmura un taco y echa a correr pasillo abajo.

El profesor le sigue con la vista. Ha examinado el fichero. Bossy tiene trece años, y su hermano, de diecisiete, es un superdotado.

El chico dobla la esquina y casi choca con Henny.

—¡Oye! ¿De qué vas? ¡Te has tirado un montón de rato hablando con el *profe!* ¿Y tú pretendes ser nuestro jefe?... ¡Ja!

Dicho esto, la chica le suelta una patada en un punto muy delicado de su anatomía...

En este momento llegan a la escuela los padres de Krissi. Les ha telefoneado el director. El niño todavía no ha aparecido.

Olaf vuelve a explicarlo todo. La madre

llora. El padre permanece mudo. Entran juntos y suben la amplia escalera hasta el despacho del director.

¡Cuántas veces la habrá subido Krissi! Y..., ¿qué sentiría? La madre se nota desvalida. «¿Qué sabe uno de los propios hijos, en realidad?», piensa.

—¿Cómo es que tú estabas enterado y nosotros no lo sabíamos? —le pregunta el padre a Olaf.

—Él quería explicárselo —contesta el amigo—, pero por lo visto no encontraba el momento adecuado...

—¿Cómo es posible que nosotros ignorásemos semejante situación? —insiste el padre.

—Porque... a menudo cada cual se interesa sólo por sus propios asuntos.

De nuevo, Olaf se expresa casi como un adulto.

—¿Y si alguien le ha hecho algo? —musita la madre, angustiada—. Quizá le hayan secuestrado, incluso...

La pobre mujer empieza a llorar y enjuga sus lágrimas. Su marido le toma la mano.

—¿No convendría avisar a la policía? —indica.

Pero todos esperan aún que Krissi regrese, que, de pronto, se abra la puerta y aparezca él. Como si nada. Como si, simplemente, hubiese ido al lavabo.

Los padres se juran —cada uno para sí— que le estrecharán entre sus brazos y no dirán más que «¡Gracias a Dios que has vuelto, hijo, porque nosotros necesitamos a nuestro Krissi!», y ambos saben —aunque no se lo confiesen— que es cierto. Generalmente, uno no se da cuenta de estas cosas hasta que ha sucedido algo.

El director y los padres están sentados de cara a la ventana. Lo hacen de manera instintiva, porque necesitan mirar al exterior. La ventana da a la entrada de la escuela. Cada vez que llega alguien, ven una sombra o se mueve algo, agudizan la vista. Pero nunca es

Krissi. Siempre se trata de otra persona.

—¡Vuelve, Krissi, por Dios! —murmura la madre.

A la una y media terminan las clases. Desde las once y media hasta ahora, ha transcurrido mucho tiempo.

—Hace dos horas que falta Krissi —dice Kramer.

El director saca su reloj de bolsillo, como siempre que está nervioso.

—¿Cómo es que nadie notó que maltrataban a Krissi? —pregunta el padre con súbito desespero.

—Yo tampoco lo comprendo —dice el director Bauer—. Mantenemos una vigilancia muy estricta, se lo aseguro.

—Con eso no me devuelven a mi hijo.

—La planta de este edificio es muy compleja y hay algunos rincones..., como la parte antigua de detrás, y la nueva, tan intrincada... —interviene Kramer—. No entiendo cómo pudo ocurrir, y lo siento en el alma.

De nuevo callan todos. El timbre rompe el silencio con su estridente sonido.

—Creo que aquí ya no podemos hacer nada más. Pero permaneceremos en contacto —dice el director y, con Kramer, acompaña a los padres de Krissi hasta el coche.

La tarde es horrible.

La madre, hundida en el sillón, mira al techo. El padre de Krissi da zancadas de un lado a otro.

—Por lo visto, hoy día resulta muy difícil ser un chico —comenta de súbito.

Se da cuenta de que los tiempos han cambiado, de que nada es como antes. Y de que también existen diferencias entre los niños.

Tampoco Sabrina sabe qué hacer. Conecta la radio y suena esta canción:

«Asesina a tu vecino...
Pon un muerto en tu motor...»

El padre extrae un cigarrillo de un paquete y reanuda sus pasos por la habitación.
«Suicídate o... ¡mata!», brama el altavoz.
—¡Quita eso! —ordena su padre, y apaga el cigarrillo—. Mierda... —dice—. ¡Mierda!
Pero la música sigue: «Suicídate, suicídate, o ¡MATA!»
—¿No sería mejor avisar a la policía? —pregunta la madre, y se levanta angustiada de la butaca.
—¿Lo hacemos?
Son las tres. El padre telefonea. Habla de manera entrecortada.
Poco después llaman al timbre. Llegan tres agentes. Quieren saberlo todo. También si existe la posibilidad de que el niño cometiera un disparate.
Habla la madre, habla el padre, habla Sabrina. Y ésta llora.
—¿Por qué supones que huyó tu hermano?

—¡Yo qué sé! Cada cual se interesa sólo por sus propias cosas —dice la chica, sube a toda prisa a su cuarto y se encierra en él de un portazo.

Llega Olaf. Ha recorrido todos los lugares imaginables. Incluso miró en la cabaña del árbol. Pero Krissi no está en ninguna parte.

El amigo se siente desorientado y triste.

—Confío en que vuelva pronto —musita—. Es mi compañero, y puede contar conmigo.

Olaf piensa en la Banda de la Salchicha y casi esboza una sonrisa.

—¿Cómo es Krissi en realidad? —pregunta de pronto.

La madre se levanta y va con Olaf a la habitación de su hijo, como si allí pudiese encontrar parte de él.

Miran la persiana amarilla, las paredes amarillas y la tienda de indios, ahora vacía.

—El amarillo es su color favorito —explica la madre—. Y lo que más le gusta para comer son las salchichas de Frankfurt.

Los dos callan. Luego, ella vuelve a hablar poco a poco. Dice que a Krissi le encanta contar cosas. Pero que, con frecuencia, ella no tiene tiempo para escucharle. Que es muy aficionado a la lectura. Que muchas veces se mete en su tienda de indios para pensar. Sobre cualquier tema. Y que Krissi le había hablado de él, de Olaf.

La madre llora. De pronto suena el timbre. La madre baja disparada. ¿Será su hijo? Pero sólo se trata de un señor desconocido.

—Soy Thiel —se presenta—, el padre de Olaf.

La madre le invita a entrar.

El padre de Krissi ha salido con su coche para buscar a su hijo. Sabrina, que está en el jardín, mira al suelo. Krissi tiene allí un pequeño jardín con un manzano y una flor amarilla. Tanto el manzano como la flor parecen tristes. Empieza a lloviznar.

—Ahora, Krissi se mojará —murmura la madre, pero no recomienda a Sabrina que se ponga el impermeable, como era su costumbre.

—¿Puedo ofrecerle algo? —le pregunta súbitamente al padre de Olaf.

Éste menea la cabeza.

—¿Le apetece un café, o un té? —insiste la madre de Krissi, mirando hacia el mueble bar.

Allí hay ginebra, jerez, vodka...

El señor Thiel vuelve a menear la cabeza. Y reina el silencio.

Suena entonces el timbre.

A nadie le extraña que aparezca el señor Kramer en el umbral. En las difíciles horas de la búsqueda, todos forman piña. Después de dejar la gabardina y el paraguas, el profesor se sienta junto a los demás.

—He hablado con esos chicos —dice despacio, refiriéndose a Bossy, Per y Henny—. Cuando están en grupo, sólo contestan de malas maneras. Pero si los tratas de uno en uno, ya se muestran más abiertos.

Kramer piensa en Bossy. Pese a que al final también fue esquivo, algo le había arrancado antes.

—¿Puedo fumar? —pregunta Kramer, y saca una cajetilla de tabaco.

Le tiemblan los dedos.

Aspira profundamente el humo y arroja la cerilla al cenicero.

—Sólo la chica, esa tal Henny, se mantuvo dura como una piedra. No hacía más que repetir que eso *molaba*. Ni siquiera lamenta lo ocurrido.

—Así es el mundo en que vive esta juventud —interviene el padre de Olaf—. El entorno de los chicos es la escuela, su tiempo libre, el hogar... Cada cual desea destacar en algo, ser la estrella... En ese grupo es Henny, por lo que veo, la que manda, y nada más.

Kramer está de acuerdo.

—¿Y qué podemos hacer contra eso?
—Hablar, quizá. Vencerlos con otros métodos. En su mayoría, esos chicos ya han experimentado bastante violencia en casa: padres que pegan, madres que pegan, hermanos que pegan... Luego, por la tarde, están solos con el vídeo y la televisión. Así es hoy la vida cotidiana de los niños, y nosotros cerramos los ojos ante esa realidad.

Kramer le da la razón.

—Por lo menos podría intentarse hablar con ellos sobre la violencia. Quizá eso ya sirva para algo. Pero el problema no está únicamente en unos pocos niños agresivos. También entre los padres encontramos un mundo distinto por completo al de antes. Muchos sufren estrés. En la vida actual no hay sitio para los niños. Ni tiempo.

—Pues hay que tomárselo. Quien quiera tener hijos debe buscar tiempo para ellos. ¡Los niños tienen derecho a ello! —exclama el señor Thiel.

Los demás asienten y siguen callados.
Suena el teléfono. Es Kati.
—S-s-sólo quería saber si... si Krissi ha aparecido.
—No, hija —responde la madre con voz áspera a causa de la excitación.
—¿P-p-puedo ayudar en a-algo? —pregunta Kati—. P-p-porque yo quiero mucho a Krissi.
Poco después se presenta la niña.
Esperar juntos sienta bien. Es mucho mejor que una espera a solas. Aunque nadie hable.
—¿Y si mirásemos de nuevo en la escuela? —propone Kati.
—Voy contigo —decide Olaf.
Sabrina se une a ellos. Por la calle Kati le pregunta:
—¿Cómo es en realidad?
—¿Quién? —pregunta Sabrina.
—Tu hermano.
—¿Que cómo es...? Le gusta el color ama-

rillo... y jugar al ajedrez... Es curioso que uno sepa tan poco acerca del propio hermano —murmura Sabrina—. También le hacía ilusión la tienda de indios.

—¿Por qué dices que «le hacía ilusión» en lugar de «le hace»? —quiere saber Olaf.

Los tres se estremecen.

Anochece. Krissi tampoco está en los alrededores del colegio, así que regresan.

Al poco rato vuelve también el padre de Krissi, bastante descorazonado. Ha pasado horas enteras recorriendo la ciudad en su coche. La madre le sirve algo de comer y agua mineral. El hombre vacía el vaso de un solo trago.

—Nada... —jadea—, ¡nada! Si anda por ahí con este tiempo de perros y con el frío que hace... —murmura con la cara apoyada en las manos, aunque apenas se le entiende.

De nuevo el teléfono. Es el abuelo. En seguida se da cuenta de que sucede algo. La madre solloza y se lo explica. El padre va en busca del anciano. Ahora que está enterado, es mejor que aguarde con los demás.

—No podemos hacer nada más —dice alguien—. Sólo esperar.

Los noticiarios no han hablado del caso. Es demasiado pronto, según la policía.

—¿Y si le han secuestrado? —pregunta el padre.

—¿Quién iba a secuestrarle? —responde Kramer—. Krissi huyó impulsado por el miedo y porque se sentía solo. Por eso se fue.

—¡Qué sinvergüenzas! —exclama el padre, con repentina ira—. ¡Vaya sinvergüenzas, Bossy y Per! Y yo, sin tener idea de nada... ¿Hay que aguantar una cosa semejante? —grita—. Habría que ir y darles una soberana paliza. Tal vez lo entendiesen entonces.

—Comprendo su rabia —declara Kramer—, pero no creo que...

—Lo que usted no sabe —chilla el padre— es que, sobre todo, estoy furioso conmigo mismo... ¡Conmigo mismo! Porque yo dejé muy solo a Krissi.

Kramer y Thiel han anunciado su visita a los padres de Bossy. No tardan en llegar a su casa. Les abren la puerta. Es Bossy. Detrás aparece su madre, que les conduce al cuarto de estar.

—¿No está su marido? —pregunta Kramer.

—No. Está de viaje por asuntos de negocios.

El profesor se dirige a Bossy.

—Tengo entendido que formas parte de una banda. Los demás os llaman *matones* porque siempre os metéis con los alumnos más pequeños para molestarlos. ¿Es eso cierto?

—Sí —reconoce Bossy.

—¿Por qué lo hacéis?

—Porque *mola*.

—¿Quién puede ser miembro de vues-

tra banda? —interviene el señor Thiel.
—Todo el q-que... —tartamudea Bossy y mira a su madre— pase una... prueba de valor.
—¿En qué consiste?
—S-s-según —balbucea el chico.
—¿Se trata acaso de un interrogatorio? —interviene la madre.
—Más o menos —contesta Kramer—. Queremos preguntarle un par de cosas.
—Pues yo no voy a consentirlo —declara la madre—. No pueden tratar así a un chico de trece años.
—¿Ah, no? En cambio, él ha hecho algo mucho peor a otros niños. Por tanto, bien podrá responder a un par de preguntas, ¿o no?
Kramer ya está harto.
—Pues voy a consultar antes a un abogado —dice la señora con gran frialdad—. Y no tolero ni una sola pregunta más.
—Una sola, al menos... —insiste Kramer.

—Hágala.

—¿Lamentas lo ocurrido, Bossy?

—No responderemos a esa pregunta —se interpone la madre con la misma dureza, hablando ahora en nombre del hijo—. Si tiene alguna denuncia que hacer, tendrá que proseguir la conversación con un abogado. Tengo un compromiso importante y debo rogarle que se vaya —añade, después de consultar su reloj.

Su rostro es tan pétreo como el de Bossy. Thiel y Kramer comprenden que no tiene sentido tratar con aquella mujer.

—Resulta casi increíble... ¡Cómo en una película policíaca! —comenta Kramer durante el camino de regreso, meneando la cabeza.

—Esto puede ocurrir hoy día en cualquier parte, tanto en los rascacielos americanos como en nuestros pequeños barrios de casitas adosadas. Siempre encontrará padres acostumbrados a negociar citas importantes, y con niños que están solos demasiadas horas.

—¡Ah, pero nuestros niños son *taaan* independientes! —exclama Kramer, aunque no lo dice en serio—. Están solos. Eso es —agrega más tarde, cuando ya están muy cerca de la casa de Krissi.

El padre del niño continúa sentado, con la vista fija en el techo.

—Espero que no haya cometido una barbaridad. Tenemos que recuperarle.

—Lo encontraremos —dice el señor Thiel, tranquilo—. Estoy bastante seguro de que se halla en algún rincón, simplemente muy asustado.

7
Krissi reaparece

Olaf y su padre se van a casa. Ya es tarde y está muy oscuro. Apenas hablan. La grava cruje bajo sus pies. Los dos saben que únicamente les cabe aguardar.

Juegan una partida de damas. Olaf mueve las fichas con toda la lentitud posible, para que el tiempo pase más deprisa. A cada momento mira de reojo el teléfono, pero no sucede nada. Nada.

—Me voy a dormir —dice el niño por fin—. Buenas noches.

Eso de «buenas noches» es muy relativo, ¿cómo puede descansar bien, sabiendo que su amigo se encuentra en cualquier parte, lleno de tristeza, y quizá incluso le espere? Olaf se acuesta, pero no duerme. Echado de lado, escucha y oye los latidos de su propio corazón. Finalmente salta de la cama.

Sin duda, Krissi le espera en algún lugar. Pero..., ¿dónde? ¡No puede recorrer el mundo entero en su busca! Y en la cabaña del árbol no estaba.

No obstante, esa cabaña es el único sitio donde ya estuvieron juntos, Krissi y él. ¿Y si hubiera acudido luego allí? Cuando miró, era por la tarde. Y ahora es noche cerrada, con lo que el miedo irá en aumento. Y también el hambre. Y el frío.

¡Ahora mismo! Casi de manera automática, Olaf baja la escalera. Un peldaño tras otro. De modo casi inconsciente escribe una nota para su padre:

«Volveré dentro de diez minutos. No te preocupes.»

De la misma forma, toma la llave, se pone el anorak y los zapatos y, sin hacer apenas ruido, cierra la puerta tras de sí.

Da la vuelta a la casa y sale por la puertecilla posterior del jardín.

Chasquea una rama. Es noche cerrada. Olaf sigue adelante. Poco a poco distingue formas y sombras pese a la oscuridad. Los árboles, el sendero y el pequeño bosque. La cabaña arroja una densa sombra. El niño avanza despacio y se asusta con cada ruido. Llega finalmente al árbol. Mira hacia arriba. Si Krissi está ahí, su corazón latirá con la misma violencia que el suyo. ¿Debe llamarle? Pero corre el peligro de que el amigo no reconozca su voz o, peor aún, de que se asuste. Seguramente Krissi permanece sentado junto al nudo de ramas de la cabaña y, por el agujero, procura distinguir quién se aproxima, pero a causa de la oscuridad no verá nada.

Olaf intenta susurrar su nombre, pero le falla la voz. El corazón le palpita. El chico pone el pie en un travesaño de la escalera, luego en otro y en otro, hasta arriba. Abre la puerta con cautela. Le tiembla la mano. Y Olaf se sobresalta, porque allí, a oscuras, está Krissi.

Con los ojos muy abiertos, temeroso. Porque..., ¿quién puede subir? Cuando ambos se han repuesto del primer susto, caen uno en brazos del otro.

—¡Qué bien que estés aquí! —jadea Olaf.

—¡Qué bien que estés aquí! —musita Krissi.

El oso Chiquito, instalado en el banco, los mira.

¿Qué ocurrirá ahora?

—Yo me quedo aquí —declara Krissi—. Nunca más volveré a la escuela.

—No puedes quedarte aquí —contesta Olaf.

—¿Por qué no?

—Porque hará frío y, además, tienes que ir a la escuela.

—¡Idiota! —dice Krissi, y le suelta un suave empujón en el costado.

—¡Tú sí que eres idiota! Ven conmigo.

—No; me quedo aquí. Para siempre.

Pero de pronto rompe a llorar y se agarra a Olaf. Éste se da cuenta de que la cosa va en serio.

—¿No ves que todos son unos imbéciles? —solloza Krissi—. Y unos asquerosos.

Y de nuevo explica cómo fue todo. Y Olaf cuenta cómo él fue en busca de ayuda, pero que al volver ya no había nadie.

Olaf mira su reloj.

—Debo regresar. Mi padre me espera. Pero volveré.

—¡No me delates! —grita Krissi.

Olaf se va a toda prisa.

—¡Vuelve, sí! —suplica Krissi—. Dormiremos aquí los dos juntos. No me falles, ¿eh?

—¡No, hombre! —contesta Olaf desde abajo.

Crujen las ramas. El chico corre.

—¡No, hombre, claro que no! —repite Olaf, casi para sus adentros.

Y de súbito da un alegre brinco. ¡Krissi ha aparecido! Krissi... Quisiera gritarlo, pero sólo se lo dice a sí mismo. «Krissi ha aparecido, Krissi está bien... Todo lo demás se solucionará.»

Olaf tropieza en la oscuridad. Pero eso poco importa ahora.

El padre le espera delante de la puerta.

—Creí que no ibas a volver en toda la noche —le reprocha—. ¿Dónde has estado?

Entre tanto han telefoneado los padres de Krissi. La policía se dispone a registrarlo todo.

Entonces Olaf revela que ha encontrado a Krissi, pero que éste no quiere que se conozca su escondrijo.

—Bien —contesta su padre—. Avisaremos en primer lugar a la familia de Krissi y a la policía. Ya no hace falta que busquen más. Nosotros nos ocuparemos de él.

—¿De veras lo harás?

—Naturalmente. Pero en segundo lugar debemos ir a recogerle.

Olaf se pregunta qué pasará.

—¿De verdad ha aparecido? —exclama la madre, que llora de alegría y alivio y se lo notifica a los demás.

Como es lógico, los padres quieren acudir en seguida en busca de Krissi.

—Mejor que no —expone el señor Thiel—. Me figuro que preferirá pasar esta noche en casa, con nosotros. Sin duda está avergonzado por haberse escapado. Dejemos que él mismo decida. En mi opinión, ahora necesita un poco de tiempo para encontrarse a sí mismo.

La madre de Krissi traga saliva.

—Bueno... —murmura al fin—. Estamos infinitamente contentos de saber que está bien.

8
Robinson en la cabaña del árbol

¿Y Krissi? Krissi sigue solo en su refugio del árbol. Está cansado y se duerme. Sueña. Pero todo lo que sueña es terriblemente confuso. Por fin se despierta y se frota los ojos. Olaf subió a verle. Eso no fue un sueño. Y Olaf volverá. Lo prometió.

Pero..., ¿y si ahora vuelve y trae consigo a sus padres y la policía y toda la gente que seguramente le andaba buscando? Krissi infla las mejillas. ¡Pfff!

Tiene miedo.

No; Olaf vendrá solo. Seguro. Aunque, ¿qué pasaría si trae a todo el mundo y el bosque se llena de curiosos?

¡Pfff!

«Debo irme», piensa Krissi. «No; me quedo aquí», se contradice Krissi. «Pero yo quería desaparecer», piensa, y se pone de pie. «No; me quedo con Olaf», y se sienta de nuevo. «Tengo miedo, sí, será mejor que me vaya», y Krissi se levanta. De pronto, percibe ruidos.

Ya llegan. No puede marcharse. Está cercado. Y ahora se ríe. Lleno de alegría. Porque ha vuelto Olaf, su amigo. Sólo con su padre.

—¡Hola, Krissi! —grita Olaf desde abajo.

Los dos trepan al árbol y se introducen a través de la angosta puerta.

—Hola.

Krissi siente vergüenza de que le vean Olaf y su padre. Está abochornado por haberse escapado, por haber causado tantos problemas. Hincha las mejillas.

¡Pfff!

Olaf se ríe y le da una palmada en el hombro.

—Cómo nos alegramos de que hayas aparecido —dice el padre de Olaf, y le rodea los hombros con el brazo.

Olaf se aspira constantemente los mocos, porque no lleva pañuelo. Apenas caben en la cabaña. Además hace frío y se nota mucha humedad, pero es bonito estar allí reunidos. De repente, Krissi se echa a llorar. Apoya la cabeza en el regazo del padre de Olaf y da rienda suelta a los sollozos.

Todo le da vueltas en la cabeza. Está contento y, a la vez, siente vergüenza. Por fin le han encontrado. Pero él quería esconderse. Y desaparecer. ¿Se presentará nuevamente Bossy para pegarle? ¿Surgirán otros tipos como ése? ¿Y qué dirá papá? ¿Puede alguien ayudarle? ¿Y qué dirán todos? Los matones, la Banda de la Salchicha, sus compañeros de clase... ¿Qué pasará ahora?

Krissi permanece sentado entre Olaf y su padre, y llora. Es un consuelo, esto de estar entre ambos. Después de mucho reflexionar, acuerdan que Olaf y él dormirán en la cabaña. Traerán mantas, una linterna y un libro.

Acostados ya, charlan todavía un rato. Luego se hace el silencio. Sólo las hojas susurran cuando sopla el viento. A lo lejos, un animal se abre paso entre la maleza.

—¿Tú tampoco puedes dormir?

—No.

Krissi busca la linterna con la mano y la enciende. Olaf ve el libro. Lo abre al azar y dice:

—Voy a leerte algo... «Aquí y allá, cada cual quiere ser el más fuerte...»

—Así es —murmura Krissi.

Olaf continúa.

Pero Krissi ya no le escucha. «¿Por qué será así?», se pregunta, y piensa en Bossy, con lo que le vuelve el miedo. «Mañana empezará todo de nuevo —se dice—. Me gustaría vivir en una isla, como Robinson. Sin ver ni oír a nadie. ¡Como Robinson, sí! En una isla donde sólo hubiese arena y palmeras...» Pero también es bonito que Olaf esté con él. Con Olaf se puede hablar, y el miedo se hace pequeño... Sin embargo, ¡diantre!, otra vez piensa en Bossy y Henny. Krissi siente en su interior algo semejante a una gran mancha negra. Y de pronto, las caras de los compañeros de clase aparecen también en esa mancha. Se ríen y dicen algo. Él no lo entiende, pero le sacan la lengua.

—¡Oye! —le sacude Olaf—. ¿Es que no me escuchas?

—No —contesta Krissi con una risita.

—¿En qué pensabas? —le pregunta Olaf y tira de su manta.

—Pues... en nada especial —se excusa Krissi e hincha las mejillas.

¡Pfff! ¿Le comprenderá Olaf?

—Cuéntame —le anima el amigo.

—Pensaba en Robinson Crusoe —confiesa Krissi y, un poco abochornado, se hurga con el dedo en la nariz.

Eso lo hace con frecuencia, o morderse las uñas y los dedos.

—Robinson es formidable —reconoce Olaf—. Solo contra todos.
—No es cierto —replica Krissi—. Robinson está solo, por eso no lucha contra nadie. Y eso es, precisamente, lo que me parece tan estupendo. No necesita pelear con nadie. Si por mí fuera, me quedaría aquí para siempre. ¡Robinson en la cabaña del árbol!
—Pero no puedes vivir solo.

Olaf vuelve a expresarse como un adulto.
—¡Eso es lo malo...! —admite Krissi, con el dedo metido en la nariz.

Se muerde los labios y se queda pensativo durante un buen rato.

De golpe grita:
—¡Mierda, mierda, mierda! Es que no van a dejarme en paz... Y yo no quiero tener nada que ver con ellos, pero corren detrás de mí, se me pegan como lapas y me sueltan puñetazos... ¡Y todo porque no saben qué hacer para parecer superiores! —añade, y da un golpe en el techo—. No saben hacer

otra cosa que meterse conmigo y se creen que pueden hacer lo que quieran... Zurrarte y amenazarte...

Olaf juega con la linterna e ilumina la cara de Krissi.

—¡Para con eso ya!

Krissi se la quiere arrebatar, ambos se miran a los ojos a la luz de la linterna, que finalmente cae con un gran ruido. Todo vuelve a quedar a oscuras.

—¡Mierda! —dice Krissi.

—La linterna era nueva. Se habrá roto —gruñe Olaf con tristeza.

Nadie habla. Krissi respira profundamente.

—Lo siento —murmura—. Te daré la mía. No es tan buena, pero... ¡Todo es una mierda!

Un nuevo silencio. La puerta rechina, sacudida por el viento. Empieza a llover. Las gotas bailan sobre el tejado. Plop, plop... Pero en la cabaña no se mojan. No se oye ningún otro ruido. Krissi se sube la manta hasta casi cubrirse la cabeza. La manta produce un calorcillo agradable, y el niño se arrebuja en ella. ¡Ay, qué bien! A su lado percibe la respiración de Olaf. Podría vivir aquí. Pero no le dejarán, claro.

—Podemos hacer muchas cosas juntos —dice Olaf.

Y entonces Krissi se da cuenta de que su amigo está llorando. Sólo un poquito.

—Claro que podemos, sí —dice Krissi, y estira el brazo para tocar al compañero—. ¡Piensa en la Banda de la Salchicha!

Ahora no quiere preguntar por qué llora Olaf. Quizá a causa de la linterna. O tal vez porque existen todos esos matones y también está asustado. O... cabe la posibilidad de que Olaf llore porque ha encontrado un amigo.

Por la mañana, cuando sube el padre de Olaf, los dos niños aún duermen, fuertemente abrazados.

Ha preparado un desayuno con panecillos y leche caliente. Lo toman juntos y miran por la ventana. La lluvia ha cesado.

—Ahora debo irme al despacho —dice el padre de Olaf por fin—. Pero esta tarde dispondremos de tiempo.

Krissi y Olaf siguen hablando durante largo rato. A Krissi, todo le parece un sueño. Olaf le cuenta que otros niños de la clase confesaron que también habían sido molestados por los mayores.

—Propongo que nos unamos —decide Olaf—. Iremos siempre todos juntos al colegio. Podríamos aceptar a los demás en nuestra Banda de la Salchicha.

Pero Krissi comprende que eso no basta. Porque el problema sigue estando ahí. Tiene miedo y, ahora, el doble de miedo que antes, porque teme que alguien le tache de cobarde, y la bruta de Henny y sus compañeros le inspiran verdadero terror. No van a dejarle por las buenas. Todo continuará igual.

Sin embargo dice:

—Lo único que podemos hacer es unirnos, sí. Unirnos todos.

—Y hablar —añade Olaf, de nuevo como un adulto.

—Pero..., ¿crees que servirá de algo? —le pregunta Krissi—. Porque no lograremos dialogar con los que sólo saben hablar con los puños.

—¡Bah, tonterías! —exclama Olaf—. Todo se puede cambiar. Sólo es cuestión de empezar. Mi padre siempre lo dice.

9
Olaf está furioso

Olaf tarda dos días en volver a la escuela. Cuando entra en la clase, comprueba que el ambiente ya no es tan solidario. Nadie tiene miedo, ni siente vergüenza, ni se plantea preguntas. Todo ha cambiado por sorpresa, como sucede con el tiempo algunos días de primavera. El ambiente es distinto. Se nota la rabia, la indignación. Pero hay algo más. Ha desaparecido la tensión. Porque Krissi ya ha aparecido. Y, de repente, todos se creen más listos que el otro y aseguran que ellos ya sabían que a Krissi no le había pasado nada grave.

Incluso hay quien vuelve a afirmar que

Bossy es un *tío guay* y ve en él al gran héroe.

Olaf está furioso. Ya no sabe qué pensar. Quisiera taparse las orejas, porque todos vuelven a las andadas. Uno dice algo. Primero, el rumor es tan pequeño como una pelota de pimpón. Pero luego alguien añade otro detalle de su cosecha y la pelota crece, se hace grande como una de fútbol, como un balón de baloncesto y llega a ser enorme. Entonces habría que pincharla con una aguja y —¡pfff!— se desmontaría toda la sarta de mentiras y no quedaría nada. En el fondo, a la mayoría le importa poco lo que pasó, por muy gordo y grave que fuese. Lo principal era que había resultado súper divertido. ¡Por fin algo contra el aburrimiento!

—De todos modos, ese Krissi es un cobarde —dice Blacky.

—¿Qué dices que es Krissi? —pregunta Olaf, y no espera a que Blacky pueda retirarlo, sino que toma su atlas y le golpea en la cabeza con él—. ¡Imbécil, pedazo de alcornoque! No tienes ni idea de nada, pero has de dar tu opinión sobre todo, ¡claro!

Nadie había visto nunca tan excitado a Olaf, pero éste sabe que cuando le sacan de quicio se pone furioso. ¿Por qué han de decir todos tantas idioteces?

—Pues mi padre también lo dijo —gimotea Blacky y se frota la cabeza—. Krissi es uno de ésos que van así...

Y el niño imita a alguien que anda con la cabeza encogida, asustadizo, como si fuera una mosquita muerta.

Probablemente, otros niños de la clase piensan igual. Pero anteayer, cuando todo acababa de suceder, se habían sentido acobardados delante de Kramer. O quizá sólo fue el susto. Entonces se expresaban de otra manera, pero ahora vuelven a ser unos bocazas. Aunque tal vez haya alguien que no comparta esa opinión.

Sí, porque Kati interviene a gritos:

—¡Eres un memo y, por lo visto, tu padre también debe de serlo!

—¡Bah! Lo que pasa es que estás enamorada de ese gallinita. ¡El que huye es un cobarde!

Entonces Olaf le da de nuevo con el atlas. Y Kati repite que Blacky es un imbécil. Al menos Kati está de su parte. De pronto, Olaf nota que alguien le agarra del brazo por detrás. Es Kramer, que suele entrar en la clase sin hacer ruido y anunciar súbitamente: «¡Hola! ¡Aquí estoy!»

Kramer coge el atlas y dice:

—Olaf, también tú estás imponiendo tu voluntad por la fuerza —y al ver que Blacky esboza una descarada risita, agrega—: Y lo que tú dijiste todavía significa más caradura.

El profesor habla nuevamente entre dientes. Blacky nota su enojo y murmura que él no ha hecho nada.

—Te oí decir que Krissi es un cobarde —le acusa Kramer y, después de reflexionar

unos instantes, decide—: De hecho, hoy pensaba dedicar la clase a otra cosa, pero quizá convenga que hablemos de lo sucedido y de lo que, en realidad, es ejercer la violencia. Y de lo que significa ser cobarde. Confiaba en que ya hubiésemos tratado este tema suficientemente, aunque veo que no...

Se sienta en su mesa y mira en silencio a los alumnos. Todos están en sus sitios. Nadie abre la boca.

—¡Caramba! Hace un momento estabais tan alborotados y, de repente, os veo tan callados... ¿Tienes algo que decir al respecto, Olaf?

Olaf se levanta despacio. No tiene ganas de remover el asunto, porque ese dichoso Blacky no entenderá nada de nada.

—Comprendo que lo del atlas no estuvo bien —murmura, para agregar en voz más fuerte—: ¡Sin embargo, lo volvería a hacer! Porque estoy furioso —explica de forma bien clara, dirigiendo una abierta sonrisa al señor

Kramer—, y cuando oigo decir tantas imbecilidades, necesito demostrar a los demás que pienso de modo distinto.

Poco a poco, la clase se ha ido alborotando. Unos gritan «¡bravo!», mientras que otro silba y exclama:

—¡Pues anda que tú no te quedas corto!

Al mismo tiempo, suena una voz detrás de todo:

—Y cómo nos tratan los *profes*, ¿no es eso violencia?

—¿Y no lo es que tú golpees a Blacky con tu libro? —añade un chico sentado cerca de Olaf.

—¡Sí que lo es! ¡Ya lo sé! —chilla Olaf, y el jaleo que se arma es tal, que Kramer ha de pedir silencio tres veces, antes de que el chico pueda continuar—. ¡Son tan burros que siguen igual, sin comprender por qué ha tenido que huir Krissi! Tampoco se dan cuenta de que es normal que uno tenga miedo. Si te pegan y los que lo hacen no sienten ni piensan en nada al hacerlo, son unos auténticos matones.

—Creen que pueden hacerlo todo —grita ahora Kati—, porque están convencidos de que no hay nadie como ellos.

En la clase se produce un nuevo tumulto. Entre el vocerío se oye decir:

—¡Kati está enamorada! ¡Claro, Kati es la novia de Krissi...!

Después de tres advertencias, Kramer logra imponer silencio. No se había figurado que fuese tan difícil. Generalmente se alegraba cuando alguien alzaba la mano para pedir algo.

—Yo preferiría hablar de por qué algunos compañeros de la clase encuentran bien los abusos y el empleo de la violencia, y hasta admiran a Bossy, con lo grave que es esto —interviene Bumpi—. He pensado en todo eso, y creo que las personas tienen el instinto de dominar a los demás...

—¡Eso ya lo sabía yo! —grita Olly—. Los

que pegan dominan a los otros con los puños. Eso es lo que hacen Blacky y los de su calaña. ¡Les fascina el poder!

Kramer se rasca la cabeza. Abre la boca como si quisiera decir algo, pero Olaf vuelve a intervenir.

—¿Y dónde está la compasión? —pregunta—. ¿No les da pena su víctima?

—No conocen ese sentimiento —exclama Reggi—. Los matones pegan para poder reírse un poco y considerarse muy importantes, porque en su interior no hay nada más, y por eso hacen llorar poco o mucho a otros, sin que les dé ninguna pena. Unos se ríen y los otros lloran.

—No me gusta que empleéis la palabra *matones* —señala Kramer—, porque también encierra furia y rabia.

—Pues es justo lo que quiero decir —contesta Reggi.

—Sería interesante saber por qué les gusta pegar.

—Para demostrar su poder; eso está claro. Y porque entonces son admirados y su poder aumenta todavía más con la admiración de otros.

—Valdría la pena anotar todo esto —propone Kramer, y escribe en la pizarra: «¿Qué es la violencia?»

Todos los niños dan su opinión a la vez.

—¡Poder! —opina Kati.

—¡Insultos! —chilla uno.

—¡Las *pelis!* —vocea otro.

—¡Algo *súper guay!* —brama el vecino de Blacky.

—¡Las armas! —grita un chico—. ¡Cuchillos y palos!

—¡*Cojonudo!* —ríe uno.

—¡Qué pasada, tío!

—Para mí, la violencia también es que nosotros nos riamos de estas cosas.

—O eso de serrar por la mitad a un profesor en la *peli* del otro día —dice Blacky—. Y aplastar a la gente, ¡pam!

Algunos se retuercen de risa.

—¡Basta, basta! —ordena Kramer—. Yo quería anotar vuestras opiniones pero no puedo si todos chilláis a la vez. A ver... ¡Uno detrás de otro!

—¡Yo encuentro que Rambo es una pasada!

Olaf se ha callado. Comprende que la palabra *violencia* es como un castillo de fuegos artificiales. Sale disparado en muchas direcciones y, una vez encendido, no hay quien lo pare. Reluce en mil colores, sobre todo si el fondo es oscuro. Pero al final se hunde. Y si uno quiere mantener el esplendor, ha de lanzar más y más cohetes.

—¿Quién tiene en su cuarto una vídeoconsola o un televisor? —interrumpe Kramer sus pensamientos.

Varios levantan el dedo.

—¿Y quién puede pasar tanto rato como quiera ante el televisor?

—Yo, mientras mis padres trabajan, y también los domingos —responde Olly.

Otros no prestan atención. Siguen gritando qué es para ellos la violencia. Kramer apenas puede apuntarlo todo.

—¡Violencia es que, por ejemplo, Bossy levante las faldas a las chicas!

—La violencia es necesaria cuando todos están contra uno —indica una niña.

La pizarra ya está llena. Kramer la contempla en silencio y se tira del bigote.

—De modo que ésa es vuestra idea de la violencia —dice despacio—, y sin duda no se han tocado todos los aspectos. Pero..., ¿qué produce la violencia?

—¿Y de dónde salen los matones? —inquiere Reggi—. ¡Hace rato que lo quería preguntar!

—Buena pregunta.

Kramer se tira del bigote.

—¡Yo, yo, yo! —chilla Pep, que por regla general no dice nada—. ¡Yo lo sé! La vi-violencia viene —tartamudea un poco, y se pone colorado–... de que... la gente sólo ama el dinero, y no a las personas.

Y se sonroja todavía más, porque no se habla así del amor.

Algunos ponen cara de burla:

—¡Pep está enamorado de la humanidad!

—Y vosotros sois idiotas —se mete Reggi—. Pep tiene razón.

—Yo también lo creo —declara Kramer—. Es posible que esos *bravucones* no reciban suficiente cariño. Quizá nadie tenga tiempo para ellos. A lo mejor se sienten muy solos y por eso necesitan darse importancia. Eso es lo que me imagino yo.

El profesor da pasos de un lado a otro, delante de la pizarra. Vuelve a tirarse del bigote. En la clase reina ahora el silencio.

—Somos los adultos los que tenemos que resolver el problema de la violencia. Tenéis que acudir en primer lugar a vuestros padres, pero también a los profesores. Sé que no es fácil, pero hay que hacerlo. Y si esos *mato-*

nes intentan molestaros —añade, totalmente de cara a la clase—, tenéis que decírselo a las personas mayores, que sin duda os protegerán. ¿Queda claro? ¿Lo habéis entendido?

Todos asienten, callados.

Sólo Blacky suelta una broma:

—¡Amén!

Entonces suena el timbre.

—Pensad para mañana lo que podemos hacer contra la violencia. Este punto aún no lo hemos tocado.

Y Kramer sale de la clase.

10
Kati tiene una idea

—¿Y qué? ¿Se os ha ocurrido lo que se puede hacer contra la violencia? —pregunta Kramer al día siguiente, sentado en su mesa con las piernas colgando.

—¡No vuelva otra vez con eso! —exclama Blacky, a la vez que se tapa la cara con las manos.

—Si no te gusta el tema, puedes taparte las orejas —le suelta Reggi, con sorna.

—¡Gracias, Reggi! —dice Kramer—. A ver..., ¿dónde están todas las ideas?

Después de un rato de silencio, Kati saca una caja de cartón de debajo del pupitre. En su cara delantera pone «Buzón de la violencia».

—Para mí, es muy difícil hablar de la violencia delante de todos. A veces resulta más sencillo hablar con uno mismo, y por eso se me ocurrió dejar esta caja en la clase y reunir en ella las opiniones de todos los que quizá no se atreven a hablar en voz alta. Porque no todos son tan bocazas como Blacky...

La niña mira insegura a su alrededor.

—¡Formidable, Kati! —vocea Benny—. No hace falta poner el nombre, ¿verdad?

—Yo seré el primero en echar algo a la caja. Ayer escribí una poesía sobre la violencia —dice Bumpi, e introduce en el improvisado buzón una hoja de papel doblada.

—¿Y cuándo hablaremos de todo lo que hay en la caja? —pregunta Olaf—. En el colegio al que iba antes, también teníamos un buzón parecido y cada semana dedicábamos una hora a analizar un problema.

—Me parece buena idea —indica Kati.

—¡Bah! Una hora para los acusicas —gruñe Blacky, que se ha estirado de forma insolente en su silla y no deja de mascar chicle.

—Podemos votar si la clase quiere una hora dedicada al tema de la violencia —propone Kramer.

Casi todos levantan el dedo. Blacky suspira.

—¡De acuerdo! —declara Kramer—. ¿Os parece bien los martes a última hora de la tarde?

—También podríamos ver un vídeo o comentar películas de la tele —señala Olaf—. Es lo que hacíamos en mi colegio.

—¡Qué *guay!* —grita Blacky—. Traeré una de mis *pelis* de vídeo.

—Bien, pero dámela el día antes —dice Kramer—. Tengo que preparármela para la lección.

—Entonces será un aburrimiento, como siempre —protesta Blacky.

—¿Puedo hacer otra pregunta, señor Kramer? —interviene Bumpi—. ¿Cuándo volverá Krissi a la escuela?

—Creo que todavía necesita algún tiempo —responde el profesor.
—¿No podríamos idear alguna sorpresa para que venga antes? —quiere saber Pep.
—¡Oh, sí! —asiente Kati—. ¡Y ya sé qué!

Al día siguiente, Kramer encuentra en el buzón de la violencia una carta sin firma:

Antes, yo también iba de matón. La verdad es que, cuando pegaba a alguien, hubiese preferido salir corriendo. Pero no lo hacía. En vez de eso, pegaba más fuerte y nadie comprendía que, en realidad, quería pedir ayuda y que por fin alguien me tomase en serio. Pero los chicos sólo me respetaban cuando iba de chulo. Entonces, yo me sentía importante y era el centro de la clase.

He pensado mucho y he llegado a esta conclusión: me sentía muy solo y todo me daba igual. Estaba enfadado por eso, y tris-

te. Pero nadie quería saber nada de mis problemas. Mi madre decía: «Más vale que te rías del mundo». Y mi padre, algo por el estilo. Eso me enfurecía aún más y, como no sabía qué hacer con mi rabia, pegaba a otros. Entonces, algunos me cogieron manía y yo a ellos también. Sin embargo, en lo más profundo de mí, sólo había tristeza.

He escrito esto porque creo que alguien debería dar una oportunidad a esos matones del cole y hablar con ellos, para que suelten todo lo que llevan dentro. Tendría que tomar en serio sus palabras y decirles algo bueno. Porque ellos ni siquiera poseen el valor para reconocer sus errores y nadie los apoya. Y pienso que es mucho más serio de lo que los demás se imaginan. Pero esos chicos o chicas sólo suelen darse cuenta del problema cuando ya es demasiado tarde.

11
Krissi y la Banda de la Salchicha

Cuando Krissi regresa a su casa aquel atardecer, su padre le abraza. Eso le sienta bien al chico.

—Fuiste muy valiente —dice su padre—. Creo que, de sucederme a mí algo así, yo hubiera huido mucho antes.

Papá no podría haberle dicho nada mejor a Krissi, y además le da una palmada en el hombro.

Como cena de bienvenida hay salchichas de Frankfurt, el plato favorito de Krissi. ¡Hum..., qué ricas! Y tres besos de mamá. Uno en la mejilla derecha, otro en la izquierda, y el tercero aterriza esta vez en la frente.

Pero cuando piensa en la escuela, Krissi siente un mareo. No tiene el menor deseo de volver. Teme que todos le señalen con el dedo: «¡Mirad, es el gallina!»... Sin embargo, papá hubiese hecho lo mismo, y saber eso le alivia, si bien su padre no tarda ni cinco minutos en sentarse ante el televisor porque dan una película policíaca que, desde luego, no es apta para Krissi.

Mamá vuelve a andar de un lado a otro con su bata de color rosa-cerdito y las zapatillas de felpa gris. Todo es como antes. Pero ahora hablan con él, aunque también lo hacían antes. No obstante, Krissi nota que han cambiado.

Sólo Sabrina es la de siempre. Se alegra de que su hermano haya aparecido e incluso le ha dejado una carta muy cariñosa sobre la mesa, pero luego da rienda suelta a su mal humor cuando sus padres no le dan permiso para quedarse hasta las doce de la noche en una fiesta. Grita por toda la casa que son una familia de cursis, da un portazo y chilla finalmente:

—¡Pues no iré a esa fiesta! Le diré a Sonia que todos tenemos que acostarnos a las nueve: papá al lado de mamá, y mamá al lado de Krissi. Y Krissi al lado de Sabrina. ¡Y todos a roncar al compás! Eso revienta a cualquiera.

—¡Sabrina! —la reprende mamá.

Pero la chica ya no lo oye. Ni quiere. En cambio, de su cuarto sale tal música de rock duro, que casi desquicia la puerta.

—¡Baja el volumen! —brama papá desde abajo, pero al darse cuenta de que Sabrina no se enterará, se limita a poner más fuerte el televisor.

Krissi se retira a su cuarto. Aquélla es una casa de locos. No hay quien lo aguante. Quizá sería mejor que volviese a la escuela. El niño se tapa las orejas y no puede contener una risita.

Una vez acostado, fija la vista en el techo.

Allí hay una gran mancha oscura que se ha formado por la humedad. Krissi la mira con frecuencia. De repente, esa mancha adquiere las dimensiones del patio de la escuela. Y en ella aparece el rostro de Olaf, pero también el de Bossy, gordo, con una mueca descarada. Ve también la cara de Kati. Y Krissi ya no sabe qué pensar.

Entonces sube mamá a darle las buenas noches. Hablan un poco, y Krissi se duerme. Su madre se levanta y le pasa una vez más la mano por los cabellos.

—¡Qué bien que hayas vuelto! —murmura.

Es posible que Krissi lo haya oído aún, porque sonríe en sueños.

A la mañana siguiente amanece acalorado. Tiene fiebre. Su madre avisa al doctor Wegener, que viene, ausculta a Krissi, le mira la boca y los ojos, pero sólo descubre una irritación en la garganta. Habla luego largamente con mamá en el pasillo, y Krissi oye algo así como «olvidar un poco» y «hacerse fuerte».

Duerme casi todo el día. Ni siquiera se da cuenta de que su madre entra una y otra vez a verle. Ha faltado al trabajo para hacerle compañía.

Al día siguiente, Krissi ya se encuentra mejor, pero mamá tampoco se mueve de casa. El niño baja al cuarto de estar y conecta el televisor.

«¿Quieres que te sacuda en los morros?», grita alguien. Un enorme musculitos está delante de un chiquillo y levanta la manaza. El pequeño se estremece. Son dibujos animados.

Krissi se tapa los oídos. Abandona la habitación y sube angustiado a su cuarto. Se arroja sobre la cama y llora.

—¡No, otra vez no! —solloza—. ¡No, por favor!

Su madre comprende que le sucede algo.

Está en el jardín. Entra y ve que el televisor está encendido. Y que en la pantalla hay una pelea de dibujos animados. El grandullón se ríe. El pequeño permanece callado. Y el muchachote le golpea.

Mamá corre a la habitación de Krissi.

—¡No, otra vez no...!

El niño, echado en la cama, se tapa la cabeza. Mamá le rodea con sus brazos y le acaricia el pelo. Quiere consolar a Krissi.

—¡No..., no otra vez no...! —jadea Krissi, cansado.

—No, hijo. Eso no volverá a ocurrir —musita mamá—. Lucharemos juntos contra esos bestias.

Pasan un buen rato muy juntos.

—¿Qué? ¿Ya te sientes mejor? —pregunta su madre por fin.

Krissi hace un gesto afirmativo. Bajan juntos. El televisor sigue encendido. Mamá lo apaga.

—¿Quieres que juguemos a algo?

—Sí —contesta Krissi, y va en busca del tablero de ajedrez.

Aparta unos periódicos y abre la caja de las piezas.

—¿Prefieres las negras o las blancas?

—Las negras —dice mamá—. ¡Voy a perder de todas formas!

—No importa —responde Krissi—. Ya juegas bastante bien.

—Aunque así sea —ríe la madre y remueve los cabellos al hijo—. ¡Tú eres demasiado bueno en el ajedrez para mí!

Realmente, Krissi es un buen ajedrecista. Sonríe y mira a mamá.

—Si gano, ¿me concederás un deseo?

—Bueno. Por tratarse de ti.

Y la mujer estrecha al niño contra sí. Krissi sabe exactamente lo que quiere.

Krissi gana, desde luego. A pesar de haberle explicado varias veces a su madre cómo aprovechar mejor la posición de la reina.

—¡Jaque! —anuncia Krissi.
—Mate —añade la madre—. Puedes pedir tu deseo.
—Quiero un hámster. ¡Sí, mamá, por favor! ¡Un hámster!
Hace años que Krissi quiere tener una mascota.
Su madre vacila, pero al fin accede.
—Bien; lo prometido es deuda.
Krissi se abraza a ella.
—¡Ya era hora de que lo consiguiera! —exclama e inicia una danza india.
—Pero tendrás que cuidar tú del hámster —advierte la madre, con un suspiro.
—¡Claro que sí!
Krissi quiere subir a su cuarto para preparar el rincón que ya tiene pensado para el animalito, pese a lo pequeña que es la habitación.
—Ah, pero yo también tengo un deseo —señala mamá.
—¿De qué se trata?

—De una partida de damas.

En ese juego, mamá gana siempre.

—Y si gano, también tú me concederás un deseo, ¿no?

Krissi aparta las piezas de ajedrez y saca otro juego.

—De acuerdo, pero no vale echarse atrás en lo de comprarme un hámster, ¿eh?

—Desde luego que no, hijo.

—¿Palabra de honor de indio? —pregunta Krissi.

—¡Palabra de honor de indio! —declara mamá, y gana en seguida.

—¿Y cuál es tu deseo? —quiere saber Krissi.

—Que si vuelve a suceder algo como lo que pasó, no te lo calles.

El niño lo promete.

—Tengo miedo de la escuela —confiesa.

Mamá le abraza de nuevo.

—Lástima que hoy aún no podamos ir a comprar el hámster —dice.

Krissi tiene todavía algunas décimas de fiebre.
—Pero mañana sí que iremos, ¿verdad?
—Si estás bien del todo, sí —contesta su madre.
—Le llamaremos Cerdito Soplón o algo por el estilo.
Mamá ríe.
—¡Vaya nombre tan gracioso!
Pero Krissi no lo encuentra tan divertido.

Al día siguiente, el abuelo invita a Krissi a probar unas galletas hechas por él. No hay quien las prepare mejor. Krissi y su abuelo son buenos amigos.
—Tienes que defenderte —le dice el buen hombre a su nieto—. ¡Eres fuerte!
—Pero sólo puedo ganar si me enfrento a uno solo. Contra varios, no puedo.
—Desde luego. Pero ahora eres lo suficientemente mayor para explicar tus problemas.

Krissi contesta con un movimiento afirmativo. Tiene la boca llena de galletas. Mastica y traga.

—Pero mamá siempre quiere saberlo todo, y hay cosas que no se pueden contar.

El abuelo comprende. Y le da más galletas.

—¡Están de miedo! —dice Krissi.

—Sí —asiente el abuelo—. Las hice en tu honor. Pero ésta es la última —murmura, al mismo tiempo que se frota la barriga.

Después juegan a cartas. El abuelo las baraja. De pronto se endereza, mira solemnemente a los ojos a Krissi y declara:

—Ahora que ya casi eres mayor, a partir de hoy jugaremos con dinero, como hago con mis amigos. Me parece lo justo.

El hombre reparte las cartas. Krissi se alegra. Como gana con frecuencia, sabe que de ahora en adelante dispondrá de más dinero para sus gastos.

—Gracias —dice después de la primera

sesión, y se guarda un reluciente marco.

Pero cuando el reloj da las ocho, tiene que irse.

—¡Hasta pronto, abuelito!

Dos días después, Krissi va a abrir el buzón con el hámster bajo el brazo. Dentro aparece una abultada carta de toda la clase.

¡Vuelve, Krissi!
Yo me alegro especialmente.
Kati (y me gustaría visitarte).

Incluso hay una flor en una esquina y tiene forma de corazón. Krissi la contempla largo rato. Además, sus compañeros han copiado las opiniones sobre la violencia que escribieron en la pizarra. «A mí me *molan* los duros» es la frase de Blacky. Y Krissi se dice que, por lo visto, hay que vivir con eso.

Deposita luego en su jaula el hámster que llevaba en el hombro y entonces se da cuen-

ta de que el animal tiene un papel en la boca. Se estaba comiendo precisamente la frase de Blacky. ¿Tendrá eso algún significado? Ahora se lee sólo «me *molan*».

—¡Hurra! —exclama Krissi.

Porque ha visto que el voluminoso sobre contiene también cartas de compañeros a los que todavía casi no conoce. La señora Fromm y el señor Kramer las reunieron para enviárselas todas a la vez.

Por último encuentra una nota que dice: «Sólo juntos podemos conseguir algo. Juntos seremos fuertes.»

Krissi sabe, de pronto, que mañana volverá al colegio. Se siente mejor. Sólo ha recibido unas hojas de papel, pero ahora comprende que puede ir a clase. Y le alegrará ver de nuevo a Kati y a Olaf y a Bumpi, y a todos los que quieran ser sus amigos. Y quizá pueda con quienes opinan que la violencia *mola* un montón. Harán todos los caminos de ida y vuelta cuatro niños juntos: Olaf, Kati, Lucky y Krissi. Lo han acordado. Y si un día no pueden, papá o mamá le llevarán en coche.

Cuando su madre va a tirar a la basura el sobre, de éste cae una tarjeta . ¡La invitación a un cumpleaños!

«Fiesta de indios en casa de Bumpi, para la tribu secreta de la Banda de la Salchicha», pone.

Krissi baila de alegría por toda la habitación. Es una verdadera danza de indios. ¡Hurra! La danza secreta de los chicos de la Banda de la Salchicha.

Ese nombre le parece formidable. Cada vez le gusta más. Y suena a grupo de rock.

«¿Y qué le regalaré a Bumpi?», piensa. Ah, ya tiene una idea. En primer lugar le pintará un escudo, el de la banda secreta, con dos salchichas de Frankfurt cruzadas. Hará uno para cada miembro. Tal vez invente además un lenguaje secreto. Es especialista en eso, y sería súper formidable que tuvieran unas palabras secretas para entenderse en determinadas ocasiones.

 Krissi se dirige al cuarto de baño. Allí se mira en el espejo. Le gusta su pelo oscuro. Del color de las salchichas de Frankfurt. El chico se ríe. Al fin y al cabo, pertenece a la Banda de la Salchicha. Y es él: Krissi.

 Cuando se ríe, el del espejo hace lo mismo.

 —Krissi —dice, y el del espejo también lo repite.

 Señala al muchacho del espejo, y el del espejo contesta de igual forma.

 Le gusta el chico del espejo.

 —¡Tú y yo nos mantendremos unidos! —exclama, y recibe la misma respuesta—. ¡Siempre unidos!

 Krissi levanta cada vez más la voz. Grita y da puñetazos al aire.

 —¡Ya os lo demostraremos!

 Sigue boxeando, como el del espejo. A Krissi le gusta aquel niño, y le sonríe. Acaban riendo los dos. ¡Hurra...!

Por la noche, su padre apaga el televisor y sube al cuarto de Krissi. Se sienta con él en la tienda de indios.

—Tenéis que uniros —dice.

—Es lo que haremos —contesta Krissi, y le explica lo de la banda.

—Y si en algún momento necesitáis ayuda, venid a mí —continúa papá, dándole una palmada en el hombro—. Y escucha esto, hijo: si un día te contesto que no tengo tiempo, me das un puntapié en el trasero. Al fin y al cabo, soy tu padre.

Mira a su hijo, respira y añade algo que deja a Krissi sorprendido.

—Es lógico tener miedo. No lo escondas. Hay que aprender a vivir con el miedo.

—¿Tú también tienes miedo a veces?

—Naturalmente.

Krissi nunca había oído decir eso a su padre.

—Todos tenemos miedo —confiesa—, y ahora comprendo que es preciso hablar de ello.

El hámster silba desde su rincón, como si quisiera decir que sí.

Luego, Krissi se queda solo en su tienda de indios y mira hacia la puerta. Papá ha bajado para ver las noticias. El niño contempla el gran sol amarillo y entona su canción de indios:

«Soy como un oso,
espero al Sol hermoso.»

Krissi se imagina que papá sigue a su lado. Sería estupendo.

«Viejo Helmut —le diría—. Me alegro de que estés aquí.» Y papá Viejo Helmut le pasaría la pipa de la paz.

En ese momento, el padre grita desde el piso inferior:

—¡Buenas noches, Krissi! ¡Que duermas bien!

—¡Buenas noches, papá Viejo Helmut! —responde Krissi, aunque el padre ya no pueda oírle.

Ahora es mamá la que sube. Quiere desearle felices sueños. Suena entonces el teléfono, pero la madre no hace caso de la llamada.

—Quien sea, ¡que se espere!

Le revuelve los cabellos al hijo y le hace cosquillas en los pies. Hablan un rato. Antes de marcharse, la madre le besa en la mejilla derecha, en la mejilla izquierda y en la frente.

El hámster corre aún en su rueda.

—¡Duérmete tú también! —dice Krissi, y apaga la luz.

Poco después, en el cuarto reina el silencio.